解答

メタ認知を活用した
アカデミック・
リーディングのための
10のストラテジー

1. 読む前に準備する

ストラテジーの練習Ⅰ （p.4）

＜解答例＞

「功（＝いい点）」：

- ・多くの情報が得られるようになった。
- ・遠くの国や地域の人とのやりとりが簡単にできるようになった。
- ・買い物が便利になる。

「罪（＝よくない点）」：

- ・インターネット依存症の人が増えた。
- ・犯罪に巻き込まれやすくなる。
- ・個人情報が漏れやすくなる。

内容の予測：

- ・インターネットの「功（＝いい点）」の後に「罪（＝よくない点）」が書いてあるかもしれない。
- ・筆者は「罪（＝よくない点）」の立場で書いているのだろう。
- ・インターネットの発達の歴史、功罪という流れで書かれているだろう。
- ・まずインターネットの利点と弱点が出てきて、その後に筆者の意見が来るかもしれない。

ストラテジーの練習Ⅱ （p.4）

＜解答例1＞

目標：淡水資源とは何か知る

→ 計画：第10章「世界の淡水資源」を読む。

＜解答例2＞

目標：ＰＭ2.5による中国の大気汚染について知る

→ 計画：第1章「大気汚染」、第9章3「ＰＭ2.5」、第11章「中国の資源と環境」を読む。

ストラテジーの練習Ⅲ （p.5）

(1) ＜解答例＞

- ・受動喫煙とは自分はたばこを吸わないのに、他の人のたばこの煙を吸うことで健康に害があることだ。
- ・インターネットで調べたら、「副流煙」が問題になっていることを知った。
- ・日本の飲食店は禁煙じゃないところが多いと思う。

(3) ＜解答例＞

公共の場で「屋内全面禁煙」とする法規制をしているが、努力義務にとどまっていること

(4) ＜解答例＞

- ・「日本の受動喫煙対策は、どのような改善が必要かを知る」という目標を意識して読んだから、改善策が見つけやすかった。
- ・どうすれば改善できるのか知りたいと思いながら改善策を探したので、目標を意識しないで読むより速く読むことができた。

(5) ＜解答例＞

- ・受動喫煙についてインターネットで調べてから読んだ。「副流煙」というキーワードは文章に

出てこなかったが、さまざまな問題があることはわかった。その改善のためにはどうすればいいのか、筆者の考えを詳しく知りたいと思って読んだので、文章を深く理解することができた。
- 日本の飲食店は禁煙じゃないところがまだ多いということを思い出してから読んだので、受動喫煙対策が遅れているということに納得しながら読むことができた。

ストラテジーを使って読もう 「ユーモアの効果」(pp.8～10)

1. ＜解答例＞
   - ユーモアが話の中にあると、聞いている人がリラックスする
   - ユーモアを取り入れると、その場の雰囲気がやわらぐ
   - 反対の意見を言う時に、ユーモアを使うと説得できることがある
   - ユーモアはダイエットに効果があるそうだ
   - ユーモアがある人は長生きするそうだ
2. ＜解答例＞
   - ユーモアの効果にはどのようなものがあるかが書いてある。
   - スピーチにユーモアをどのように取り入れるかが書いてある。
   - 外国のユーモアの文化と日本のユーモアの文化の比較が書いてある。
3. ＜解答例＞
   - ユーモアの効果には何があるかを知る
   - どのようにユーモアをスピーチに取り入れればいいかを読み取る
5. ＜解答例＞
   - ユーモアの効果はどのようなものがあるか考えてから読んだので、効果について書いてあるところが読みやすかった。
   - ユーモアの効果は聞く人の気持ちをリラックスさせると予測したが、それと似たことが書いてあって納得しやすかった。
   - ユーモアには話し手が緊張感から解放される効果もあるとは予測しておらず、意外で印象に残った。
6. ＜解答例＞
   - 「ユーモアの効果には何があるかを知る」という目標を意識して読んだので、「ユーモア」や「効果」ということばが出てきたら、そこに注目して読むことができた。
   - 「どのようにユーモアをスピーチに取り入れればいいかを読み取る」を目標にしたが、書かれていなかった。しかし、目標を意識したことで、この文章には私が知りたいことが書かれていないということがわかった。

内容理解チェック (p.11)

1. 聞く人の気持ちを和ませるだけではなく、和んだ聴衆の雰囲気によって、話し手もまた緊張感から解放され、話がなめらかになる。
2. (1)○　　(2)×　　(3)○　　(4)○
3. a) 自分の意見を主張　　b) 自分の主張に耳を傾けて　　c) 個人的領域にとどめ

 振り返り (p.12)

1．＜解答例＞
- 「ユーモアの効果」というテーマを見て、ユーモアを取り入れて話すことにはどのようなメリットがあるかを考え、テーマについての背景知識を活性化させた。
- タイトルにある「ユーモアの効果」「口語表現」「スピーチ」「テクニック」ということばから、ユーモアがスピーチのテクニックとして効果があると書いてあると予測した。実際に、ユーモアがスピーチのテクニックとして効果があるという内容だった。

2．＜解答例＞
- 読む前に背景知識を活性化させる、計画を立てるなどの準備をすることができるようになった。
- 読む順番や場所について計画を立てる練習は、新聞記事を読む時に自然とそうしていたことがわかった。前からメタ認知を活用していたことを認識した。
- 目標を立ててから読むと、速く読むことができることに気づいた。
- 読む前に何のために読むのかという目標を立てる練習をしてみたが、目標を立てて読んでみると、目標を達成したいという気持ちができて、ただなんとなく読むよりも集中して読んでいる気がする。
- 背景知識の活性化は、タイトルなどに自分の知らない語彙が多い時はあまりできない時がある。
- 短い時間で多くの量の本を読まなければならない時に、効率的に読めそうだ。

2．知っているルールを利用する

ストラテジーの練習Ⅰ (p.16)

＜解答例＞

利用したルール	わかったこと
「〜べきだ」は筆者の主張を表している。	筆者は、政府は高齢者が活躍できる場を増やしたほうがいいと思っている。

ストラテジーの練習Ⅱ (p.17)

＜解答例＞

利用したルール	わかったこと
「問題がある」という文の次に「まず」「次に」「さらに」という表現があったら、問題点が並べてあげられている。	問題として「社会保障費の増大」「医療に携わる人材の不足」「介護負担の増大」の3つがあげられている。

ストラテジーの練習Ⅲ (p.18)

＜解答例＞

利用したルール	予測したこと
「どのように環境に役立っているのだろうか」と序論の最後に書いてあるので、これがこの文章の論点である。	本論では、フリマが環境にどのように役立っているか、具体的な例があげられていると予測できる。

ストラテジーを使って読もう 「高齢化はなぜ問題か」 (pp.19〜22)

◆読む前に＜解答例＞

高齢化の問題には、医療や介護などの費用が増える、それを若い世代が負担しなければならない、介護などの人手や施設が不足しているなどがある

◆読んでみよう＜解答例＞

行	利用したルール	わかったこと
8	・論点は、文章の初めのほうに書かれていることが多い。 ・論点は、疑問の形で書かれていることが多い。	この文章の論点は、高齢化の問題はどうすれば解決するかである。
23	・「つまり」の後にまとめがある。 ・「つまり」の後は、その前の内容をもう一度言い換えて説明している。	1）〜3）が問題である理由は、供給されている量が需要に比べて少ないことである。
55	・結論は「このように」などのまとめの表現の後に書かれることが多い。 ・結論は、文章の終わりのほうに書かれていることが多い。 ・論点の「答え」がその文章の結論である。	結論は、高齢化問題を解決するためには、福祉だけが取り組めばよいのではなく、さまざまな事業を行う人が経済やライフスタイルが改善するように連携するということである。

内容理解チェック (p.23)

1. a) 経済

   b) ライフスタイル

   c) 将来の生活がひどく苦しくなること／収入の不足

   d) 供給されている量が需要に比べて少ないこと

   e) 高齢になると仕事や学びのように日常的に関わる人や参加する場が乏しくなること

2．a）経済　　b）収入　　c）人材　　d）職場　　e）安定して成長する　　f）成長する企業

　　g）既存の産業を革新　h）収益性　　i）魅力ある　　j）教育　　k）職業

　　l）ライフスタイル　　m）健康増進　　n）介護予防　　o）ファーストフード

　　p）コンビニ業界　　q）農家　　r）食品メーカー　　s）プログラム

　　t）サポートするスタッフ

3．福祉だけが取り組めばよいのではなく、さまざまな事業を行う人が連携して知恵や力を出し合うこと。

振り返り　（p.24）

1．＜解答例＞

- 「本当に〜でしょうか」の形で提示されている時は、筆者の主張は実はそうではないというルールを利用して、筆者の主張を読み取った。
- 論点は、初めのほうに書かれていることが多く、疑問の形で書かれていることが多いというルールを利用して、この文章の論点は「高齢化問題はどうすれば解決するか」だと考えた。
- 「つまり」の後は、その前の内容をもう一度言い換えて説明しているというルールを利用して、1）〜3）が問題である理由は、「供給されている量が需要に比べて少ないこと」だと判断した。

2．＜解答例＞

- 「つまり」「さらに」などの接続詞のルールはよくわかるが、筆者の主張を読み取るためのルールはあまり知らないのでまだわからない。
- 知っているルールを意識して読むと、大切なことに気づきやすい。
- ルールを知らないと内容を理解するのが難しい。もっとルールを学ばなければならないと思った。
- 論説文にはよく使われるルールがあるので、論説文を読む時にそのルールを知っていると役に立ちそうだ。

3．自分の知っていることや経験に引きつけて考える

ストラテジーの練習Ⅰ　（p.26）

①＜解答例＞

- 日系企業が海外の自社工場で日本と同じやり方をしたら、現地従業員とうまくいかなくなったという話を聞いたことがある。この話と同じようなことだろう。（自分の知っていることを当てはめる）

②＜解答例＞

- 私の国では、食事に誘った人が食事代を払うのがいいとされているので、日本では割り勘が当然だと言われても、失礼な気がして自分が払いたくなる。（自分が経験したことを当てはめる）
- 自分の家や地域や国の中のルールや価値観でいいと思ったり、悪いと思ったりする。（自分がわかることばや表現で言い換える）

│3．自分の知っていることや経験に引きつけて考える│　007

ストラテジーの練習II (p.27)

① ＜解答例＞

- 子どもの時、夕飯の前にお皿を並べるのを手伝ったら、お母さんがほめてくれた。（自分が経験したことを当てはめる）
- 子どもの時に、友だちにおもちゃを貸してあげたら、幼稚園の先生に褒められた。（自分が経験したことを当てはめる）

② ＜解答例＞

- 本当はしたいことではないが、褒められるようなことをする。（自分がわかることばや表現で言い換える）
- お父さんのお土産は、本当はあまり好きではなかったが、喜んで見せた。（自分が経験したことを当てはめる）

③ ＜解答例＞

- 壁に落書きしようと思ったが、叱られると思って落書きをやめた。（自分が経験したことを当てはめる）
- お父さんの大事な電車模型で遊ぼうと思ったが、叱られると思いやめた。（自分が経験したことを当てはめる）

ストラテジーを使って読もう 「患者と医師との関係」(pp.28～30)

◆読む前に

1．＜解答例＞

医者「ただの風邪です。2、3日すれば治るでしょう。はい、次の人。」

患者「本当に、ただの風邪なのかな。お腹の痛みがいつもと違う気がするからもっとちゃんと見てほしいのに。」

2．＜解答例＞

- 電子カルテばかり見て、自分の顔を見てくれなかった。
- 自分の病気をいつも治してくれるので、信頼している。

3．＜解答例＞

- 自分の病気を治してくれる人。
- 自分の話を聞いてくれる人。

◆読んでみよう

① ＜解答例＞

- 医師に1回質問したら、面倒くさそうな顔をされた。（自分が経験したことを当てはめる）
- 医師にたくさん質問しようとしたら、質問は3つまでと言われ、嫌な思いをした。（自分が経験したことを当てはめる）

② ＜解答例＞

- 前に行った病院で医者はこちらの意見も聞かず、一方的に治療方法を言ってきて、私はそれがちょっと変だと思ったが、何も言えず従った。（自分が経験したことを当てはめる）
- ワンマン社長は自分の考えを無理やり押し通し、部下はそれに反論せずに従うことを当然だ

と思っている。（自分の知っていることを当てはめる）

③ ＜解答例＞

　　母親が子供をやさしく世話するイメージと傷ややけがを治すイメージ（自分がわかることばや表現で言い換える）

④ ＜解答例＞

・ 物事を隠さないで正直に話す様子（自分がわかることばや表現で言い換える）

・ 私の友だちは、他人に対して壁がなく気さくで、誰に対しても真面目に向き合う人だ（自分が経験したことを当てはめる）

⑤ ＜解答例＞

　　誰でもできることではなく、知識や経験を積むことが必要なサービス。例えば、医者、教師、弁護士など。（自分がわかることばや表現で言い換える）

内容理解チェック (p.31)

1. d
2. b
3. a) 励まし、リラックスした態度、オープンで誠実な態度
   b) 治療や検査の決定、手術、薬の処方、情報提供、助言、指示
   c) 医師の温かさ、熱心さ、共感性、親しみやすさや、患者の個人的な関心や心配に対する医師の配慮
   d) 医師の脅威的、支配的、権威的態度や診察中の医師と患者のネガティブな感情の表出
4. c

振り返り (p.32)

1. ＜解答例＞

・「医師との不快な関係を経験している」という表現を自分の経験に引きつけて考えた。

・「情緒的行動と手段的行動」を自分がわかることばで言い換えて対比して考えてみた。

・「オープンで誠実な態度」はどのような態度か考えて、自分の周りの人たちのことを思い出して考えてみた。

・「専門性の高いサービス」はどのような職業が考えられるか、自分の知っていることを当てはめて考えた。

2. ＜解答例＞

・ ことばの意味がわかるものは自分に引きつけて考えることができたが、「封建的主君のごとき権威者」のようにことばの意味がわからないものは、辞書で調べて意味がわかってからでないと、引きつけて考えられなかった。

・ 自分に引きつけて考えて読むと、一度読んだだけでその内容が印象に残る。

・ 文章を読んでいる時につねに自分に引きつけて考えて読んでいれば、意見や感想などのレポートを書く時に、文章を読んですぐに書きはじめられそう。

・ 自分に経験があることは引きつけて考えることができたが、他のことばで言い換えることはなかなか難しかった。

3．自分の知っていることや経験に引きつけて考える ｜ 009

4. 焦点をしぼる

ストラテジーの練習Ⅰ （p.34）

1. (1) ＜解答例＞
    固定客の確保がしやすいことや、顧客の購買状況が把握できることがある。例えば、ポイントカードを顧客に持たせることによって来店が促進できたり、付与したポイントによって顧客の満足度を高めたり、顧客の情報を効果的な販売促進に生かしたりできる。
2. ＜解答例＞
    メリットということばを探したら、第2段落にあったがそれは顧客側のメリットだったので、店側のメリットを続けて探した。第3段落にあったので、そこに焦点をしぼって読んだ。

ストラテジーの練習Ⅱ （p.35）

1. (1) ＜解答例＞
    未成年が喫煙を始めるのを防ぐため、喫煙シーンがある映画を成人向けに指定するべきである。
2. ＜解答例＞
    主張を表す表現には、「～べきだ」「～のではないだろうか」が使われることが多いので、そのような表現を探した。最後に「～べきなのではないだろうか」を見つけたので、その文を読んで筆者の主張であるか確認した。

ストラテジーを使って読もうⅠ 「グリーンなライフスタイル」 （pp.36～37）

◆読む前に

1. ＜解答例＞ ごみを捨てる、水や電気を浪費するなど
2. ＜解答例＞ リサイクルをする、水や電気を使いすぎない、ごみをできるだけ出さないなど

◆読んでみよう

1. (1) ＜解答例＞
    - 環境を守るのに役立つと認められる商品に付けられている
    - 地球を左右の手が抱きかかえるようなイラストである
    - イラストに書かれている両手がアルファベットのEにも見える
   (2) ＜解答例＞
    - 古紙再生促進センターが実施している制度
    - 古紙を再生して利用した製品についているマーク
    - 一本の木を図案化したもので、アルファベットのGで囲んだように見える
2. ＜解答例＞
    - 「エコマーク」ということばを探したら、第3段落にあったので、第3段落を読んで「エコマーク」とは何かを探した。
    - 「グリーンマーク」ということばを探したら、第4段落にあったので、第4段落を読んで「グリーンマーク」とは何かを探した。

内容理解チェック (p.38)

1. エコマーク：b　　　グリーンマーク：c
2. ・ エコマークやグリーンマークがついた商品を買うこと
   ・ 修理や部品交換がしやすい商品を選ぶこと
3. その製品をつくるための原料や工程、運搬のエネルギーなどをムダにしている。

ストラテジーを使って読もうⅡ　「葛藤する子どもの心をも受け入れる」(pp.39～40)

◆読む前に＜解答例＞

・ 遊びたいが、宿題をしなければならない
・ 仲よくなりたい子がいるが、話しかけられない
・ 学校に行きたいが、行けない

◆読んでみよう

1. (1) ＜解答例＞
   矛盾、葛藤している状態に共感を寄せながらそれを理解するということ
2. ＜解答例＞
   受容ということばを探したら、第1段落に2つ出てきた。しかし、2つとも「受容とはどういうことか」と書いてあり、その内容については書いていなかった。そして、最後の段落に「受容するというのは…」と受容の説明があり、最後の文に「矛盾、～ということが、あるがままに受け入れるということなのだ」と書いてあるので、最後の段落を詳しく読んだ。

内容理解チェック (p.41)

1. b
2. a) 学校へ行き／友だちと会い　　b) 苛立ち　　c) 自分を責める
3. d

振り返り (p.42)

1. ＜解答例＞
   ・ 問いに提示されていたメリットということばに焦点をしぼって読んだ。
   ・ 筆者の主張によく出てくる、「～べきだ」ということばを探して読んだ。
   ・ 問いに提示されていた、エコマークとグリーンマークに焦点をしぼって読んだ。
   ・ 問いに提示されていた「受容」ということばを探して読んだ。その後、さらに「受容」の内容が書かれているところに焦点をしぼって読んだ。

4. 焦点をしぼる　011

2．＜解答例＞

- 筆者の主張を探すのはまだ難しい。
- 焦点をしぼると、速く読むことができることに気づいた。
- 読みとるべきことがはっきりしている時は使いやすいが、全部丁寧に読まなければならない時は適していない。
- 時間がなくて、たくさん読まなければならない時に使えそうだ。

5．ときどき止まってメモする

ストラテジーの練習 (p.44)

1．＜解答例＞

緑のカーテンの説明	自然の力を利用した夏季の省エネ対策として「緑のカーテン」の取り組みが進んでいる。「緑のカーテン」とは、ゴーヤやアサガオ、ヘチマなどのつる性の植物を強い日差しがあたる窓に設置した支柱やネットなどにはわせ、それによって、カーテンのように窓を覆ったものである。
緑のカーテンの効果	その効果は、まず、日差しをさえぎるので部屋の温度の上昇を抑えられること、また、植物から蒸発する水分で周囲の温度を下げることである。さらに、カーテンにした植物自体の花や果実を楽しむこともできる。このような効果に注目し、省エネ対策に一丸となって取り組んでいる地域では、街の中に森が作られたようになり、景観の向上にも役立っている。
緑のカーテンの問題点とその解決	しかし、問題点もある。植物に虫が集まることや、壁に作った場合に、壁が劣化することである。ただ、これらの点は、「緑のカーテン」の設置や管理の仕方に注意すればかなり防ぐことができる。

緑のカーテンのいい点から悪い点に変わっている

2．＜解答例＞

- 「緑のカーテン」は、「　　」があり、強調されていると思った。だから、大切だと思って、そこで止まって、〜〜〜〜〜を引いた。
- 「ゴーヤやアサガオ、ヘチマ」「つる性の植物」の部分がわからなかったので、線を引いて「？」のしるしをつけた。この部分がわかると、「緑のカーテン」が何かもっと理解できそうだ。
- 3段落の初めにある「しかし」の前後で、「緑のカーテン」のいい点から悪い点に変わっており、文章の流れが変わったところだと思ったため、そこで止まって、＿＿＿＿を引いた。どのように変わったのかをメモした。
- 段落ごとに自分が内容を理解できているかどうか確認したかったので、段落ごとに止まり、その段落の内容を簡単にまとめてメモした。
- 指示詞はその内容を確認したかったので、指示詞で止まって　　　で囲んだ。指示詞が指すものも　　　で囲んで→で示した。
- 2段落目の「効果」と3段落目の「問題点」は、それが具体的に何をあらわしているか確認したかったので、そこで止まって、　　　で囲んで、内容を確認し、→で示した。

ストラテジーを使って読もう　「環境から見た持続可能性」(pp.45～47)

◆読む前に

1. <解答例>
　　環境、社会、経済などが将来にわたって長期的に、維持・保全され、発展できること。

2. <解答例>
・ 太陽光や風力など自然エネルギーを使用している
・ 温室効果ガスの排出を抑える低炭素社会
・ 資源のリサイクル、再利用などを行う循環型社会

◆読んでみようⅠ

1. <解答例>

密閉された容器

ミミズを入れた密閉容器
＝持続可能な状態

ネズミを入れた密閉容器
＝持続可能じゃない状態

ネズミを入れた密閉容器
＝持続可能ではない状態＝地球の姿

持続可能から持続可能じゃないものに変わっている

閉ざされた系の中で水も空気も栄養分も循環し、バランスを保っている状態

水も空気も栄養分も循環し、絶妙なバランス

1段落目の密閉容器

ネズミ自身も死ぬこと

2段落目の密閉容器

　　密閉された容器に土と小さな動物（ミミズ）と植物を入れ、太陽光があたるようにしておくと（図1-2-a）、ミミズは密閉容器の中でも〜り二酸化炭素を吸収して酸素を作り、ミミズは酸素を〜ズは枯れ葉や土の中の栄養分を食べ、その糞は植物の栄養と〜には冷えて露となり、土に戻る。容器という閉ざされた系の中で、水も空気も栄養分（物質）も循環し、絶妙なバランスを保っているのである。これが「持続可能」な状態である。自然状態の生態系はこのようなバランスを維持している。
　　しかし、この密閉容器に、ミミズではなく〜、分解能力を超えた不要物を排出するような動物（ネ〜どうなるだ〜しつくし、不要物が分解できず、やがてはネズミ自身も死ぬだろう。これは「持続可能ではない」。
　　この密閉容器は宇宙に浮かぶ地球の姿である。ミミズやネズミは人間の経済活動、すなわち生産と消費に相当する。生産と消費には資源の利用と不要物の排出が伴う。

2. <解答例>
・「密閉された容器」（密閉容器）はタイトルにもなっていて、大切だと思ったので、そのことばで止まって、〰〰〰〰〰〰を引いた。「持続可能」も「　　　」があり、大切だと思ったので、そのことばで止まって、＿＿＿＿＿を引いた。
・「露となり、土に戻る」の部分がわからなかったので、＿＿＿を引いて、？をつけた。「露」は辞書で調べたらわかったが、「土に戻る」の意味がわからなかったので、後で誰かに聞きたい。
・ 2段落の初めにある「しかし」は、「持続可能」から「持続可能ではない」へと文章の流れが変わったところだと思ったので、そこで止まって＿＿＿＿＿＿を引いた。どのように変わったのかもメモした。
・ 段落ごとに自分が内容を理解できているかどうか確認したかったので、段落ごとに止まり、

その段落の内容を簡単にまとめてメモした。

- 指示詞はその内容を確認したかったので、指示詞で止まって □ で囲んだ。そして、指示詞が指す内容をメモした。

◆読んでみようⅡ

1．＜解答例＞

水資源の説明	**水資源** 　水についても考えよう。水は人間だけでなく全ての生物の命の源である。地球は「水の惑星」であるが、人間が利用できる湖沼や河川の水は地球の水全体の 0.009％にすぎない。水は海洋から蒸発して雲となり、雨となって地上に降り注ぐ。水は循環しており、再生可能な資源であるが、無限ではない。
水が貧困、公衆衛生、男女間の平等に関連していることの説明	水は貧困や公衆衛生、男女間の平等にも深く関連している。人間に必要な飲料水は1日2.5 リットルだが、手や体を洗わなければ伝染病で命を落とすため、1人1日当たり最低50 リットルの安全な水が必要である。しかし、世界では、9億人が1日20 リットルの水のために 30 分以上歩かなければならず、25億人がトイレなどの衛生施設を利用できない（データは 2006 年）。安全な水とトイレなどがない非衛生な環境が原因となり、毎年、下痢で 180万人 が死亡しており、そのうちの90％が5歳未満の子どもである。また、サハラ砂漠以南のアフリカでは何百万人もの女性や子どもが水汲みのために多くの時間を費やし、女性は労働時間を、子どもは教育を受ける機会を奪われている。
改善するための目標	このような状況を改善するため、2000 年に合意された国連ミレニアム開発目標(MDGs)では、「目標7　環境の持続可能性の確保」の一つとして、「安全な飲料水及び衛生施設を継続的に利用できない人々の割合を半減する」ことが目標となっている。
水資源の今後と解決策	しかし、人口が増加し、食糧などの増産などのための水需要が増す一方で、気候変動により水資源は質・量ともに状況が悪化すると予想されており、世界の1人当たりの再生可能な水資源は減少すると予測されている。水の持続可能な利用を考えなければならない。

> 安全な水とトイレなどがない状態、女性や子どもが水汲みのために多くの時間を費やしている状態

> 目標はあるが、水資源の今後の状況は明るくはないという流れ

2．＜解答例＞

- 「水は貧困や公衆衛生、男女間の平等にも深く関連」は、主語が「水は」になっており、タイトルである「水資源」に関連があるので、大切だと思った。だからそこで止まって＿＿＿を引いた。

- 4段落の初めにある「しかし」は、前段落に、解決するための目標はあるが、解決が難しいといったように文章の流れが変わったところだと思って、そこに止まって、＿＿＿＿を引いた。どのように変わったのかをメモした。

- 段落ごとに自分が内容を理解できているかどうか確認したかったので、段落ごとに止まって、その段落の内容を簡単にまとめてメモした。

- 指示詞はその内容を確認したかったので、指示詞で止まって □ で囲んだ。そして指示詞が指すものを→で示したり、内容をメモしたりした。

- 「水の持続可能な利用を考えなければならない」は筆者の主張だと思い、重要だと思ったので、＿＿＿＿を引いた。

内容理解チェック (p.48)

1. a) 容器という閉ざされた系の中で、水も空気も栄養分（物質）も循環し、絶妙なバランスを保っている状態
   b) 資源を消費しつくし、不要物が分解できず、やがてはネズミ自身も死ぬような状態
2. 地球
3. a) 安全な水とトイレなどがない非衛生な環境
   b) 毎年、下痢で180万人が死亡している

振り返り (p.48)

1. ＜解答例＞
- 文章の論点やキーワードなどは文章の内容を理解するのに大切だと思ったので、そこで止まって＿＿＿＿を引いた。
- 自分がその段落の内容がわかっているかどうか確認したかったので、段落ごとに止まり、段落の内容をまとめたメモをした。
- 「これ」「その」などの指示詞はそれが何を指すか確認したほうがいいと思ったので、その指示詞で止まった。指示詞が指すところを→で示した。
- 「しかし」「また」「まず」などの接続詞や副詞のところでは文章の流れが変わることが多いので、そこで止まって、□で囲んだ。
- 具体的に何をあらわしているかを確認するために、「原因」「効果」「問題点」などのことばで止まった。

2. ＜解答例＞
- 指示詞で止まって、それが何を指しているのかを確認しようとしたが、すべての指示詞が指しているところを見つけてメモすることはできなかった。
- キーワードや大切だと思ったところに止まってしるしをつけたので、後で読み返す時に、そこを中心に読めば全部を読まなくても理解できた。
- 文章を読む時にはいつでも使えると思うが、読む時間がある程度ある時には、丁寧にメモできるので、より使いやすいと思う。

| 5．ときどき止まってメモする | 015

6. 図や表を利用する

ストラテジーの練習Ⅰ (p.50)

1. (1) ＜解答例＞

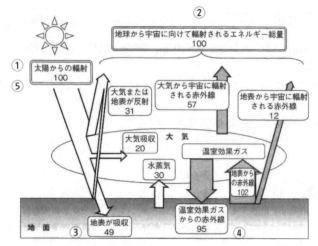

太陽からの輻射を100としたときのエネルギー
図1：温室効果のしくみ

出典：藤倉良・藤倉まなみ(2008).『文系のための環境科学入門』p.181.有斐閣.

2. ＜解答例＞
   - 「太陽から地球が受け取る全ての輻射エネルギー」を図で探したら「大気からの輻射」ということばがあったのでそれが①だと思った。
   - 文章中のことばと図のことばを照らし合わせながら、文章を読んだ。

ストラテジーの練習Ⅱ (p.51)

1. (1) ＜解答例＞

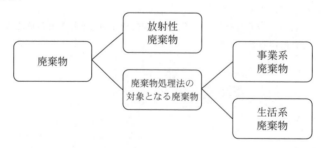

出典：藤倉良・藤倉まなみ(2008)『文系のための環境科学入門』p109, 図5-2一部改, 有斐閣

2. ＜解答例＞
   - 廃棄物の分類について書かれているので、それぞれの廃棄物の名前を四角で囲んで、それを線でつなげて図をかくとわかりやすいのではないかと思った。

ストラテジーの練習Ⅲ (p.52)

1．(1) ＜解答例＞

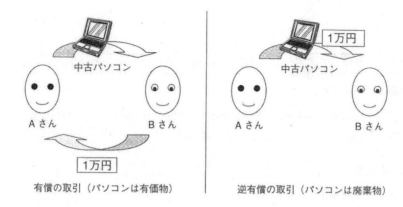

出典：藤倉良・藤倉まなみ(2008)『文系のための環境科学入門』p107, 図5-1, 有斐閣

2．＜解答例＞
- AさんとBさんの取引について書かれているので、AさんからBさん、BさんからAさんに何が渡されて、それが何を示すのか絵と矢印でかくといいと思った。
- 有償と逆有償の違いがわかるように、有償の場合のパソコンとお金（1万円）のやり取りと、逆有償の場合のやりとりを別々に図に表した。

ストラテジーの練習Ⅳ (p.53)

1．(1) ＜解答例1＞

年	出来事
1600年	イギリス東インド会社の活動を開始した
1602年	オランダ東インド会社が誕生した
1657年以降	イギリス東インド会社が株式会社の形態になった
1798年	オランダ東インド会社が解散した
1874年	イギリス東インド会社が解散した

＜解答例2＞

	オランダ	イギリス
活動開始		1600年
株式会社設立	1602年	1657年以降
解散	1798年	1874年

| 6．図や表を利用する | 017

2．＜解答例＞
- 歴史的な事実が書かれている文章なので、年代順にまとめるといいと思った。
- 3つの国のことが書かれていたので、国別にまとめるといいと思った。

ストラテジーを使って読もうⅠ 「環境問題とはどのようなものか」(pp.54〜55)

◆読む前に ＜解答例＞
　工場からの汚染水や廃棄物、自動車の排ガス、工場や自動車から出る二酸化炭素などの温室効果ガスなど

◆読んでみよう

1．(1)(2)(3) ＜解答例＞

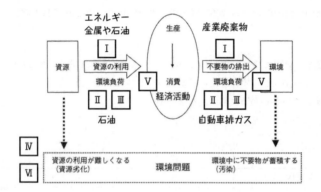

2．＜解答例＞
　「生産」「消費」「資源」などのことばを図の中で探して、文章の部分が図の中でどのように示されているか確認しながら読んだ。

内容理解チェック (p.56)

1．(1) a) 自動車の生産　　b) 金属や石油など　　c) 産業廃棄物
　　(2) a) 自動車の購入　　b) 石油　　　　　　c) 自動車排ガス、自動車
2．(1) 資源劣化　と　汚染
　　(2) 水源の汚染と水資源としての価値の劣化、地球温暖化問題（二酸化炭素による大気の汚染と化石燃料の枯渇）

ストラテジーを使って読もうⅡ　「国際ビジネスの展開」(pp.57〜59)

◆読む前に＜解答例＞

IBM、コカ・コーラ、ソニー、東芝など

◆読んでみよう

1．(1)＜解答例1＞

各地域の国際ビジネスの変遷

年	米国	欧州	日本	NIEs	BRICs
1950					
	海外直接投資を本格化				
1960	多くの企業が多国籍化				
		海外直接投資の活発化			
1970	経済力が相対的に低下	多国籍企業の世界市場への登場	海外直接投資の急増		
			多くの企業が多国籍化		
1980				海外直接投資の本格化	
				北米や欧州へも進出	
1990					
					多国籍企業として世界市場に登場

6．図や表を利用する 019

＜解答例2＞

	年代	海外直接投資の変遷	背景	企業の動き
米国企業	1950年代後半	本格化 ←	戦後米国は世界経済で絶大な地位を確立	近隣地域だけでなく欧州やアジアなどにも直接投資
	1960年代	↓ いっそう本格化		↓ 多くの企業が多国籍化し、世界的なネットワークを拡張
	1970年代	↓ 頭打ち、次第に減少 ←	米国の経済力が低下	↓ 海外から撤退する企業も見られるようになった
欧州企業	1960年代後半	次第に活発化 ←	ECの経済統合、米国企業の欧州進出に対抗	
	1970年代			多くの企業が多国籍企業として世界市場に登場
日本企業	1960年代半ば	少しずつ増加	日本経済の高度成長	
	1970年代	急増 ←	国内外の環境変化	
	1970年代後半から1980年代半ば	さらに増加 ←	欧米諸国との貿易摩擦の激化、急速な円高の進行	多くの企業が輸出から海外生産へシフト / アジア、北米、欧州へ進出
NIEs企業	1980年代	本格化		
	1980年代半ばまで			隣接するアジア地域に投資
	1980年代半ば以降		自国の驚異的な経済成長	北米や欧州へも進出

2．＜解答例＞

- 歴史的な事実が書かれている文章なので、年代順に表にまとめるといいと思った。地域のことも書かれているので、米国、欧州、日本、NIEs、BRICs と横に並べた。
- さまざまな地域のことが書かれていたので、地域別にまとめるといいと思った。

内容理解チェック (p.60)

1．欧州→米国→日本→ NIEs → BRICs
2．EC の経済統合の動きへの対応や米国企業の欧州進出に対抗するため。
3．欧米諸国との貿易摩擦の激化や急速な円高の進行のため。

振り返り (p.60)

1．＜解答例＞

- 図がある時は、文章の中のことばを図の中で探して、文章の部分が図の中でどのように示されているか確認しながら読んだ。
- 分類したい時は枠や線を使って、関係図をかいた。
- 物のやりとりがある時は、人の絵と矢印で何が取引されるかわかるように図をかいた。
- 歴史的なことが書かれている時は、年代順に表にまとめた。
- いろいろな地域のことが書かれている時は、地域ごとに分けて枠と矢印で整理した。

2．＜解答例＞

- 図を見ずにこの文章だけ読んだら内容が難しいが、図と対照させながら読むと、それぞれの関係がわかりやすかった。
- わかりやすい図や表をかくのは難しい。表はかけるが、関係図をかくのは苦手だ。
- 複雑な文章の時は図や表があることが多いので、そのような時は文章と対照させて読むと、情報が整理しやすいことに気づいた。
- 分類したい時は関係図をかくと情報が整理しやすいことがわかった。
- 歴史的なことが書かれている時は、年代順に表にまとめると、後で見た時に内容がすぐ思い出せてよいことがわかった。

7．周りの情報からことばの意味を推測する

ストラテジーの練習Ⅰ (p.62)

＜解答例１＞

　「パワハラ」の「ハラ」は、「セクハラ」の「ハラ」と同じで、ハラスメント (harassment)、つまり「嫌がらせ」だろう。「パワ」は「パワー」のことかな。「パワー」は「力」だから、「力の嫌がらせ」。企業で力のある人が力のない人に嫌がらせをすることかな。

＜解答例２＞

　全体を読むと、仕事に関係がありそうだ。そして、「言い返せない」「上司が部下を」などとあるから、上司から部下に対してすることだろう。「パワハラ」というと、「叱責」や「仕事を押しつける」ことを思い浮かべるらしいから、何か嫌なことなのだろう。「程度の低い仕事

| 7．周りの情報からことばの意味を推測する | 021

を命じられる」「プライベートなことを他の社員の前で執拗に言われたりする」も含まれると
書いてあるが、これも嫌なことだ。部下が嫌だと思うことを上司がさせることかな。

ストラテジーの練習Ⅱ (p.62)

＜解答例＞

「地方の町から都会に出て行ってしまい」「そのまま地方の町に戻らない若者が多い」と書い
てあり、その後に、「そのため、～人口減少に歯止めがかからない」とあるので、人口減少が
止まらないという意味かな。さらに「自治体は若者に戻ってきてもらえるようなさまざまな
取り組みを行っている」が、「それでも都会から若者を呼び戻すのは難しく」とある。だから、
減少を止めたいけれども止まらないという意味だろう。

ストラテジーを使って読もう 「健康リスクへのアプローチ」 (pp.63～66)

◆**読む前に**＜解答例＞

運動する、バランスよく食べる、規則正しい生活をする、清潔を心がけるなど

◆**読んでみよう**

1．(1)
①治療的介入（7行目）＜解答例＞
「早期発見・早期治療、再発や悪化の防止など、時期と方法がともに最適な治療的介入」とあ
るから、「早期発見・早期治療、再発や悪化の防止」が「治療的介入」の例だろう。ここでは
予防について書いてあって、「治療的に介入する」ということなのだから、病気を早く発見し、
治療し再発や進行を防止することだろう。
②リスク要因の同定（19行目）＜解答例＞
「リスク要因」は、例で推測されていたように、この文章では「健康を脅かしている要因」だ
ろうから、「同定」がわかればいい。「リスク要因の同定」の研究では、因果関係の検証は特
に重要である。」と書いてある。さらに「偽の因果関係に基づくもの」であれば「きわめて深
刻な問題となる」と書いてあり、同様の内容が32行目まで続く。つまり、「リスク要因の同定」
とは「本当にそれがその疾病や障害の要因であるということを明確にすること」だろう。
(2)＜解答例＞
・推測したことば：サプリメント（27行目）
・どのように推測したか：
イラストにサプリメントと書いてあるので、これはサプリメントのイラストのようだ。イラ
ストは薬のようだ。しかし、薬だったら「その健康に対する明確な効果がエビデンスに基づ
いて確立されている」はずだから、「必要がある」とは言わない。薬のように見えて、薬では
なくて、健康に関わるものだから、健康補助食品ではないだろうか。

内容理解チェック (p.67)

1.

		内容	具体例
	1次予防	健康な生活習慣の形成など、疾病や障害の発生を未然に防ぐ予防	b
	2次予防	疾病の健診から治療、再発防止に至る各段階での対応。早期発見・早期治療、再発や悪化の防止など、時期と方法がともに最適な治療的介入を行うことによって、疾病を発見し治療し再発や進行を防止すること	c
	3次予防	リハビリテーションや職能訓練などにより社会復帰を促進し、社会生活や職業生活の困難の発生を防ぎ軽減する予防	a

2.　(1) ○　　　(2) ×　　　(3) ○　　　(4) ×

3.　○は、過労、運動不足、喫煙

振り返り　(p.68)

1.　＜解答例＞
- ことばの中の漢字から推測した。例えば、職能訓練は、「職」が仕事の意味で、「能」は能力だから、仕事の能力をつけるための訓練なんだろうと推測した。
- 前後の情報から推測した。たとえば、サプリメントは、薬のようなイラストと、後ろに書いてある内容から、薬のように見えて、薬ではなくて、健康に関わるものだから、健康補助食品ではないだろうかと推測した。

2.　＜解答例＞
- 漢字のことばは漢字の意味から推測できるけど、カタカナのことばは推測できなかった。
- 辞書を引かなくても、推測すれば文章がけっこう理解できることに気づいた。
- 語彙の構成からの推測が難しくても、前後の情報から推測できることに気づいた。
- 難しいことばが多すぎると推測ができない。
- 読み進めることを優先したい時に、使えそうだ。

8. 質問して確認する

ストラテジーの練習 (p.70)

(1) ＜解答例＞
　　「健康に気を配る」とあるので、健康のことをいつも考えるということですか。

(2) ＜解答例＞
　　「免疫力がなければ、治療に限界が生じます」というのは、言い換えると「自分で病気やけがを治す力がないと、病院などで治療をしても治らない」ということでしょうか。

(3) ＜解答例＞
　　筆者の言いたいことは、免疫力を高めることが大切であり、そのためには、健康に心がけることが重要だということですか。

(4) ＜解答例＞

「風邪をこじらせて」（4〜5行目）はその前の文の「小さな病気だったのに、それが治らずに、深刻な状態になってしまう」ことの例のようなので、「風邪をこじらせる」は風邪が悪化するという意味ですか。

ストラテジーを使って読もう　「人と動物の関係を地球規模で見てみる」 (pp.71〜74)

◆**読む前に** ＜解答例＞

飼い主とペット、食べる人と食べられる動物、警察犬、盲導犬、牧羊犬、役牛など

◆**読んでみよう**

2．＜解答例＞

- 「適者生存のゲームを生きて」（14行目）
  「適者生存のゲームを生きて」というのは、その後の文に「動物から人が生み出されたという学説」と書いてあるので、ダーウィンの進化論で言われるように、環境に適応した種が生き残ってきたということでしょうか。（自分の理解があっているか確認）
- 「北米先住民たちのように、伝統的に、動物も人であると捉えている」（52〜53行目）
  「北米先住民たちのように、伝統的に、動物も人であると捉えている」というのは、動物を人と同じように扱って、意志疎通したり、交渉したりすることでしょうか。（言い換え／具体例の確認）
- 「動物は人の都合で愛玩化され、愛玩化した人の手でそうした幸福な人と動物の関係が一方的に断ち切られることがある」（68〜69行目）
  「動物は人の都合で愛玩化され、愛玩化した人の手でそうした幸福な人と動物の関係が一方的に断ち切られることがある」とありますが、これはつまり、人が動物をペットとして飼って可愛がっていたのに、自分の都合でそのペットを捨てるということでしょうか。（言い換え／具体例の確認）
- 筆者の言いたいこと
  筆者の言いたいことは「人と動物の間には、多様な関係の様態がありうる」（65行目）、「そもそも人と動物との関係は、元来多様だったのではあるまいか」（78行目）とあるので、動物と人の関係は多様であるということでしょうか。（自分の理解があっているか確認）

内容理解チェック (pp.75〜76)

1．(1) d　　(2) f　　(3) c　　(4) i　　(5) b　　(6) h　　(7) a　　(8) g　　(9) e
2．(1) ×　　(2) ○　　(3) ×　　(4) ○
3．　西洋形而上　学
4．d

⟳ 振り返り　(p.76)

1．＜解答例＞
- 何回も出てきて重要だと思うのにわからないことばがあったので、自分でそのことばの意味を推測してその推測が正しいかどうか確認した。
- 60 行目からの一段落がとても難しかったので、自分のことばに言い換えて質問し、理解が正しいかどうかを確認した。

2．＜解答例＞
- 求めている答えが得やすい質問を考えられる時もあるが、まだ難しい。
- どのように質問すれば相手から自分が求める説明が引き出せるかを考えることで、文章の理解が深まった。
- 誰かと一緒に学習している場面ではないと使えない。

9．読んだ後、理解度を自己評価する

ストラテジーの練習Ⅰ　(p.80)

1．(1)＜解答例＞
  a) 再生可能である。二酸化炭素は相殺される。
  b) 大出力のエネルギーを取り出しにくい。
  c) 再生可能である。二酸化炭素を排出しない。
  d) 非常に広い面積が必要である。天候にも左右される。
  e) 大量のエネルギーを確保できる。
  f) 事故の場合、深刻な自然破壊や汚染となる。

(2)＜解答例＞
  最も重要だと思っていること：
　　現状を一人ひとりが認識し、自らできる個人レベルや組織・地域ごとでの節電や、小さな再生可能なクリーン・エネルギー発電などに関心を持つこと
  理由：再生可能エネルギーは大量には生産できないから

2．＜解答例＞
・達成できた
　理由：
　　・エネルギーのメリット、デメリットを表でまとめられたから。
　　・筆者が最も重要だと思っていることとその理由が説明できたから。
・達成できなかった
　理由：
　　・メリット、デメリットの表は埋められたが、文章のことばをそのまま抜き出して書いたので、例えば「相殺される」など意味がわからないことばがあったから。
　　・筆者が、一人ひとりが再生可能エネルギーに関心を持つことが重要だと思っていることはわかったが、その理由はわからなかったから。

| 9．読んだ後、理解度を自己評価する |　025

3．＜解答例＞

・「相殺」ということばの意味がわからなかったが、「相殺される」の前に「確かに二酸化炭素を排出しますが、同時にそれを吸収する」とあるので、前後の情報を使って推測するといい。

・「そうであるからこそ」の前の部分と後ろの部分の関係が理解できなかったため、理由がわからなかったと思う。「そうであるからこそ」などの接続表現があったら、前後の関係に注意して読むといいと思う。

ストラテジーの練習Ⅱ （p.82）

1．(1)＜解答例＞

・花粉症の症状：

くしゃみ、鼻水、鼻づまり、目のかゆみ、集中力が低下するなど

・原因：

40年ほど前から国が植林した杉が育ってきたことと、エアコンの使用や車の排ガスによる大気汚染や、ハウスダストなど

・症状を抑える方法：

外出を控える、マスク・メガネ・帽子を使用する、点鼻薬・目薬・飲み薬を利用する

・完治させる薬や治療法：まだない

(2)＜解答例＞

花粉症は、くしゃみ、鼻水、鼻づまり、目のかゆみ、集中力が低下するなどの症状があり、花粉症になる人は年々増えています。原因は、40年ほど前から国が植林した杉が育ってきたことと、エアコンの使用や車の排ガスによる大気汚染や、ハウスダストなどです。花粉症を抑える方法は、外出を控える、マスクやメガネ、帽子を使用する、点鼻薬や目薬、飲み薬を利用するなど、いろいろありますが、完治させる薬や治療法はまだありません。

2．＜解答例1＞

80％

理由：症状や対処法についてはまとめられたが、完治する方法は理解が間違っていた。そこまでの内容でわかったつもりになって、最後の段落をよく読まなかったから。

＜解答例2＞

80％

理由：ポイントはまとめられたが、自分のことばで説明できなかったから。

＜解答例3＞

100％

理由：原因、症状、対処法、完治する方法をすべてまとめられた。

3．＜解答例1＞

最後に大切なことが書いてあることが多いから、最後の文末表現までよく読んだほうがいい。

＜解答例2＞

単純に文中のことばを抜き出しただけではだめで、自分のことばで理解しながらまとめる必要がある。

| ストラテジーの練習Ⅲ（pp.84～85） |

1．(1)＜解答例＞

・「『比の概念』を用いた説明」（5行目）とはどのような説明か。

→ 例えば世界の食糧問題を議論する時に、各国の食糧生産量だけ話題にしていたら各国の事情が違うので比べられない。「食糧自給率」のような各国で比べられる概念を使って食糧問題を説明すること。

・「たとえばビジネスの場面で相手が納得しやすい」（17～18行目）説明とはどのように説明することか。

→ 複数の仕事に優先順位をつけるために「緊急性」と「重要性」を考慮して「緊急性」と「重要性」があるものを優先するように説明する。そして、プロセスや理由を説明する。

2．＜解答例1＞

すべての質問に答えられたから、文章の内容が理解できたと思う。

＜解答例2＞

答えられない質問があったから、文章の内容はあまり理解できなかったと思う。

3．＜解答例＞

ビジネスの場面で相手が納得しやすい説明はどのようなものか、答えられなかった。「緊急性」と「重要性」を考えることはわかったが、図8の説明がよくわからなかったから。図がある時は、図と文章を照らし合わせて読む必要がある。

| ストラテジーを使って読もう　「書くのも人間、読むのも人間」（pp.86～88） |

◆読む前に ＜解答例＞

話す時の特徴：くだけた表現を使う、一文が短い、省略が多い

書く時の特徴：かたい表現を使う、一文が長い、省略が少ない

◆読んでみよう

1．(1)＜解答例＞

目標：なぜ話すように書いてはいけないか読み取る

達成できたか：達成できた

理由：日常会話と文章とでは、伝達方法や伝達時の状況がまったく違うので、話すように書いても伝わらないことがあるかもしれず、危険だし、無理だから、ということが読み取れた。

(2)＜解答例1＞

［方法］段落ごとにまとめる

第1段落：日常会話のような表現や感覚をそのまま文章にもちこむことは、問題である。

第2段落：日常会話と文章とでは、伝達方法や伝達時の状況がまったく違う。

第3段落：書いて伝える時：

・文字で記されたことばや情報だけが頼りである（会話は表情や動作も使える）

・読み手はその場で情報を確認して、不明な点を書き手に聞くことができない。

→日常会話のつもりで文章を書くことは危険であり、無理である。

第4、5段落：井上ひさし氏の引用→話し言葉と書き言葉はとても違う。

第6段落：文章を書くことが苦手な人は、まずは友人に話すように書いてもいい。だが、次の段階で、話し言葉と書き言葉の違いに目を向けて、自分の文章をみなおしてほしい。

第7段落：日常会話では、話し手と聞き手はつねに内容や相手の反応をチェックしあう
　　→一文として完結しているかどうか、文法的に正確かどうかはあまり気にしなくてもいい

第8段落：日常会話の感覚で文章を書いたら問題である。

［評価］

・　各段落のポイントはあげられたが、文章全体で言いたいことはよくわからなかった。

・　第4、5段落はたぶん話し言葉と書き言葉はとても違うという意味だが、細かいところはわからなかった。

＜解答例2＞

［方法］文章と会話の違いを表にまとめる

文章	会話
・文字で記されたことばや情報だけが頼り ・読み手はその場で情報を確認して、不明な点を書き手に問い合わせることができない	・表情や動作も使って伝える ・話し手と聞き手がつねに内容や相手の反応をチェックしあえる ・一文として完結しているかどうか、文法的に正確かどうかといったことにはさほど気を配らなくてもよい

［評価］表にまとめることができたので、文章と会話の違いについて理解できていると思う。

＜解答例3＞

［方法］質問を考えて、それに自分で答える

・　（質問）なぜ「日常会話のつもりで文章を書くことは危険」（12行目）か。
　　（答え）日常会話と文章とでは、伝達方法や伝達時の状況がまったく違う。文章を書く時は、会話のように表情や動作を使って伝えることはできないし、不明な点を書き手に問い合わせることができないから。

・　（質問）「とくに文章を書くことを苦手とする学生」（27〜28行目）はどうすればいいか。
　　（答え）まずは、親しい友人に話すように、のびのびと書いてみる。つぎの段階で、話し言葉と書き言葉の違いに目を向けて、自分の文章をみなおすといい。

・　（質問）「だれかの日常会話をそのまま文章に書きおこしてみると」（33行目）何がわかるか。
　　（答え）文法的に正確ではない。切れ切れの単語だけが並ぶこともある。主語と述語、修飾語と被修飾語の照応関係がわからないことがある。言いなおしや言いさしも多い。

［評価］「とくに文章を書くことを苦手とする学生」（27〜28行目）はどうすればいいか、よくわからなかった。「話し言葉と書き言葉の違いに目を向けて」と書いてあるが、具体的にはよくわからない。

＜解答例４＞

［方法］理解度を100％中何％かで考える

［評価］

・100％　理由：文章と日常会話の伝達方法の違いが理解できて、なぜ話すように書いてはいけ
　　　　　　　ないか理解できた。

・70％　理由：文章と日常会話は違うので、話すように書くのはだめだというだいたいの内容は理
　　　　　　　解できたが、井上ひさし氏の本の引用部分はよくわからなかった。

(3)＜解答例＞

　　井上ひさし氏の本の引用部分はよくわからなかった。「お粥」と「赤飯」の違いがどのように
話し言葉と書き言葉の違いに対応するかわからなかったからだと思う。辞書で調べてもわか
らないので、先生や日本人の友だちに聞いたら理解できるかもしれない。

内容理解チェック (pp.89～90)

1．　(1)○　　　(2)○　　　(3)×　　　(4)○　　　(5)×

2．　a) 文字で記されたことば　b) 情報　c) 不明な点　d) 表情や動作　e) 内容　f) 反応

3．　a) 正確 b) 照応関係 c) 完結 d) 単語 e) 言いなおし f) 言いさし

4．　・まともな文章にならない

　　　・正確に理解できないところがあったとしても、読み手は書き手にその場で問いただすこと
　　　　もできない

振り返り (p.90)

1．＜解答例＞

　・読む前に設定した目標が達成できたかどうか自分で確認した。

　・読んだ内容について自分で要約した。

　・読んだ内容を自分のことばにして、友だちに説明できるようにした。

　・自分で質問を考えて、それに答えた。

　・読み終わった後に、どのくらい読めたかを100％中何％かで考えた。

2．＜解答例＞

　・今までなんとなくわかったつもりになっていたが、これではいけないとわかった。

　・どこが理解できていないのかを自分で知ることができた。

　・自分が理解できていないところを知り、その部分を重点的に読み直すことができた。

　・自分が理解できていない部分を理解するために、今まで勉強したストラテジー（焦点をしぼる、
　　ときどき止まってメモする、図や表を利用するなど）が使えることがわかった。

10. ストラテジーの選び方・使い方を自己評価する

ストラテジーを使って読もう 「肌の色より人間性」(pp.93〜96)

◆読んでみよう

3.
(1) <解答例>
- 「知っているルールを利用する」：37行目に「ところが」とあるので、「アファーマティブ・アクションに否定的な主張があるのかもしれない」と思いながら読んだ。
- 「図や表を利用する」：アファーマティブ・アクションの説明を図にかいてまとめた。

(2) <解答例>
- 自分が選んだストラテジー：「知っているルールを利用する」
  適切だったか：ストラテジーを利用して、「ところが」の後の部分を、「アファーマティブ・アクションに否定的な主張があるのかもしれない」と思いながら読んだら、やはり否定的な主張が書いてあって読みやすかったので、このストラテジーを使ったのは適切だったと思う。
- 自分が選んだストラテジー：「図や表を利用する」
  適切だったか：ストラテジーを利用して、アファーマティブ・アクションの説明を図にかいてまとめたが、自分の理解を助ける図はかけなかった。適切に使えなかったと思う。

(3) <解答例>
- 「質問して確認する」
  「字面は同じであっても、全く異なる文脈」(50行目)がよくわからないまま読んでいて、その後の文章の意味がわからなくなってしまった。確認する質問をすればよかったと思うから。
- 「ときどき止まってメモする」
  文章が全体的に難しくて、一度最後まで読んでみても、なんだかよくわからなかった。そして、何がわからないのかもわからなくなってしまったので、結局最初からまた読むことになってしまった。わからないところをメモしておけば、その部分を中心に読めたし、質問もできたと思うから。

内容理解チェック (pp.97〜98)

1. a) 人間性によって人々を評価する　b) 黒人　c) 白人男性
2. (1) キ　(2) 保
3. a) 普遍的な理念　b) 特定の人種や宗教を考慮してはならない

 振り返り (p.98)

1. <解答例>
- 読んだ後で、自分が利用したストラテジーは「知っているルールを利用する」「図や表を利用する」だと確認した。そして、どうしてそれらのストラテジーを使ったのか、それらのストラテジーは役に立ったのかどうかを考えて、文章がよく理解できたので、適切だったと思った。
- 読んだ後で、自分が利用したストラテジーを確認したら、1つのストラテジーしか使ってい

なかったことがわかった。だから、文章がよく理解できなかったかもしれないと思った。もう一度、複数のストラテジーを使って読み直して、文章の内容が理解できたかどうかを確認した。

2．＜解答例＞
- 読む目的や文章の種類によって、合うストラテジーと合わないストラテジーがあることが実感できた。
- いつも同じストラテジーを使っていたが、文章によっては、そのストラテジーがあまり役に立たないことがあると気づいた。いろいろなストラテジーが使えるようになったほうがいいと気づいた。
- 文章が読めたり読めなかったりするのは、その文章に合ったストラテジーが使えているかどうかも関係していることがわかった。

メタ認知を活用した アカデミック・リーディングのための 10のストラテジー

グループさくら

福島智子
白頭宏美
藤田裕子
三宅若菜
伊古田絵里
梅岡巳香
鈴木理子

著

にほんごの凡人社

はじめに

1．本書の概要

　本書は、中上級の日本語レベルの留学生のための読解教材です。特に学部留学生（1年生）や、これから大学に入ることを目指している人を意識して作成しています。大学に入ると、専門的な知識を身につけるために、さまざまな分野のアカデミックな文章を読むことになります。文章を読む力を向上させるためには、語彙や表現などの知識のほかに、読むときの方法（ストラテジー）を知り、それらを適切に使えるようになることが必要です。読む目的や利用できるストラテジーを意識したり、自分の理解度を確認したりしながら読むことで、文章をより深く理解できるようになっていきます。

　本書では、読むために必要なストラテジーを学び、ストラテジーを意識的に使って読む練習をすることで、大学で扱われるどのような文章にも対応できる力を伸ばすことを目指しています。

2．本書の特徴

　本書には2つの大きな特徴があります。

(1) メタ認知を活用した読み方が学習できる。

　メタ認知は、認知を認知することです。言い換えれば、「自分が今何を見たり、聞いたり、考えたりしているのか、頭の中にいるもう一人の自分が認識する」ということです。自分を客観視するということでもあります。学習においてメタ認知が活用できるようになると、自分の目標を定め、学習計画を立てて実行し、学習を管理し、問題が生じたら解決策を考え、自分の学習を評価するという学習プロセス全体の流れを把握し、コントロールすることができるようになります。読む際のプロセスも同様で、読む前に目標を意識したり、読みながら自分の現状を分析したり、読んでいてわからないところがあったらどうするか考えたり、読んだ後に理解度を確認したりできるようになります。本書で、このような読み方の練習をすることによって、自分の読み方を客観的に見つめたり、目的に応じた読み方をしたりすることができるようになります。

(2) 学部留学生が、学生生活の中で取り組んでいくアカデミックな文章を扱っている。

　本書で扱う文章は、大学の基礎科目でテキストとして扱われているものや、専門書の中でも比較的読みやすいものを選んでいます。分野としては、経済・教育・心理・福祉・歴史・文化人類

学・環境などを取り上げています。学部留学生は、日本語を学びつつ、それぞれの専攻の専門書を読む必要がありますが、専門書を読むのは、初めは困難なことが多いでしょう。本書でストラテジーを使ってアカデミックな文章を読む練習をすることで、自分の専門分野の専門書にも挑戦できるようになります。

本書をお使いになる先生へ

1. 本書の特徴

　本書では、メタ認知を活用して、計画・モニター・問題解決・評価のプロセスを意識しながら読む練習をします。ここでは、本書の使い方を簡単に説明します。各課のポイントや解説はウェブサイトを参照してください。　URL：http://www.bonjinsha.com/wp/meta

I. 計画
　読む前に計画を立てます。自分はその読み物の中からどのような情報を得たいか、どのように読み進めるかなどを考え、準備します。

II. モニター
　読みながら、自分がどのように読んでいるか、効率的に読み進めているかどうか、読んでいる内容が理解できているかどうかなど、自分でチェックします。

III. 問題解決
　読んでいるとき、難しい部分があったら、推測したり、ほかの情報やリソースを利用したりして、理解できるようにします。

IV. 評価
　読み終わった後で、どのぐらい読めたか、目標が達成できたかどうか、自分で振り返ります。また、ストラテジーを効果的に使えたかどうか自己評価し、次の学習につなげます。

　これらの4つのプロセスは、いつもこの順番で行わなければならないというものではありません。例えば、読みながら、内容が理解できているかどうか自分で確認し「モニター」しますが、その結果、「計画」を変えたりすることもあるでしょう。「評価」した結果、重要な部分が理解できていないことがわかったときは、「問題解決」のストラテジーに戻ることもあります。

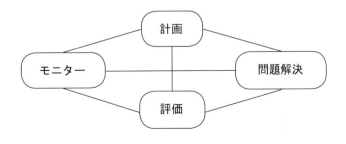

参考：Chamot et al.(1999)

２．本書で扱うストラテジー

　本書では、Chamot et al. (1999) の学習ストラテジーを参考に、読解に関わるストラテジーを扱っています。これらのストラテジーは、計画・モニター・問題解決・評価の４つのメタ認知プロセスと関わっています。以下は、このテキストで扱うストラテジーとメタ認知プロセスの関係を示したものです。１課につき１つのストラテジーを取り上げますが、読むものに合わせて、複数のストラテジーを組み合わせて使うとさらに効果的です。

課	ストラテジー	メタ認知プロセス
1	読む前に準備する	計画
2	知っているルールを利用する	モニター
3	自分の知っていることや経験に引きつけて考える	モニター
4	焦点をしぼる	計画、モニター、問題解決、評価
5	ときどき止まってメモする	計画、モニター、問題解決、評価
6	図や表を利用する	計画、モニター、問題解決、評価
7	周りの情報からことばの意味を推測する	問題解決
8	質問して確認する	計画、モニター、問題解決、評価
9	読んだ後、理解度を自己評価する	評価
10	ストラテジーの選び方・使い方を自己評価する	評価

※メタ認知プロセスはChamot et al. (1999) による。

3．本書の構成とそれぞれのポイント／所要時間

　各課の構成は以下の通りです。1課の所要時間の目安は約160分です。課や進め方によって所要時間は変わります。

1．本課のストラテジー／ストラテジーの練習（30〜40分）	その課で学ぶストラテジーを説明し、練習する	◆さくら先生に質問 学習者からよく聞く読解の悩みを取り上げています。さくら先生はその悩みを解決するために、ストラテジーを提示します。
		◆ストラテジーの使い方の例 各課のストラテジーの使い方の例を学習者の視点で示しています。 さくら先生が提示したストラテジーの説明がわかったとしても、学習者はそのストラテジーの具体的な使い方がイメージできないかもしれません。そこで、ストラテジーの使い方の例を見ていくことで、ストラテジーの使い方のイメージを膨らませます。
		◆あなたはどのように〜していますか。 「ストラテジーの使い方の例」を読み、自分が普段そのストラテジーを使っているかどうか、どのようにそのストラテジーを使っているかを思い出し、ウォーミングアップします。クラス全体で共有したり、グループで使い方を話し合ったりしてもいいでしょう。例と同じ使い方という答えでもかまいません。
		◆ストラテジーの練習 本文の文章より短く、易しい文章です。難易度があまり高くない文章を使って練習することで、ストラテジーを使って読むことを意識して練習できます。基本的には、「ストラテジーの使い方の例」で紹介された使い方が練習できるようになっています。ストラテジーを使った練習をした後は、そのストラテジーをどのように使ったのか、振り返ります。ここが本書の一番重要なポイントです。ここで、ストラテジーの使い方について振り返ることで、後に続く本文では、ストラテジーをより意識して読むことができるでしょう。

2. ストラテジーを使って読もう（80〜90分）	ストラテジーを使って実際に文章を読む	◆読む前に（10分） 本文を読む前に、本文に関連する知識や情報をクラスで共有し、本文を読むための準備をします。これは第1課の練習の「背景知識を活性化させる」に当たります。本文のキーワードや関連することばを提示していますので、学習者が知っていることを発表したり、教師側が解答例を参考に情報を提供したりして、背景知識を活性化させます。
		◆本文／ストラテジーを使って読もう（70〜80分） その課で学ぶストラテジーを使って、実際に文章を読みます。ストラテジーの練習と、練習の過程を振り返る問いがあります。ストラテジーの使い方を振り返る問いには、1つの答えがあるわけではありません。また、このような問いに答えるのに慣れていない学習者も多いでしょう。そのため、学習者によっては「面倒くさい」「答えがたくさんあって困る」「どう答えていいかわからない」などという反応があるかもしれません。学習者のレベルや反応によっては、その解答例の一部を提示したり、クラスで一緒に取り組んだりするといいでしょう。ストラテジーの使い方を振り返る練習に繰り返し取り組むことで、メタ認知を活用して読む力が身につきます。 このマークがついている練習は、メタ認知の活用を促す練習です。そこで練習しているストラテジーを意識して、取り組むように促しましょう。
3. 内容理解チェック（30〜40分）	内容理解問題に答える	◆内容理解チェック 本文の内容が理解できているかどうか確認するための問いがあります。各課、指定されたストラテジーを使って読む練習しかありませんので、それだけだと文章の内容の理解が不十分になることもあります。内容理解チェックの活動をすることで、文章全体の意味の理解を確認することができます。

4. 振り返り（10分）	その課のストラテジーがうまく使えたかどうか自己評価する	◆振り返り 振り返りは2つあります。1つ目は、その課でどのようにストラテジーを使ったのか、もう一度思い出すものです。授業の最後に、「ストラテジーの練習」や「ストラテジーを使って読もう」でどのように読んだかを振り返り、整理します。2つ目は、その課のストラテジーを使って、気づいたこと、役に立ったことを考えるものです。その課のストラテジーについて、以下の点について振り返るように促すといいでしょう。①今、自分がストラテジーを使ってできることとできないこと、②このストラテジーを利用することの利点、③このストラテジーがどのような文章で使いやすいか、④このストラテジーがどのようなときに使えそうか、などです。 授業中にクラス全体で話し合ってもいいですし、宿題としてゆっくり振り返って書いてもよいでしょう。

参考文献
Chamot, A. U., Barnhardt, S., El-Dinary, P.B., & Robbins, J. (1999). *The Learning Strategies Handbook*. Longman.

本書を使って学習する皆さんへ

皆さんは、普段文章を読むとき、このようなことをしますか。□にチェックしましょう。

□ いきなり読むのではなく、内容を予測してから読む

□ 読んでいるときに、重要だと思ったところに線を引く

□ わからないことばは前や後ろの部分から推測する

□ 読んだ内容を理解するために図にする

□ 全部読まないで、必要なところだけ読む

このようなことをしているとき、あなたはストラテジーを使って読んでいると言えます。

　さらに、「今、私はこのストラテジーを使っている」「これを読むときにはこのストラテジーがいいからこれを使おう」などと意識したり、「この文章は私には難しすぎるな」「この内容はわかりやすい。だいたい理解できる」などと考えて自分を客観的に見たりしながら読むことがメタ認知を活用して読むということです。

メタ認知を活用して読むというのは、計画・モニター・問題解決・評価の4つのプロセスを意識しながら読むことでもあります。皆さんは、読む前や、読んでいる間、読んだ後で、いろいろなことを考えながら読んでいると思います。a)～j)は、計画・モニター・問題解決・評価のどのプロセスだと思いますか。

a) 〇〇について知りたいから、これを読もう
b) どうやって読もうかな
c) この文章を読むと何がわかるだろう
d) 今どんなストラテジーを使って読んでいるかな
e) 今読んでいることは理解できているだろうか
f) この部分はわからない、どうすればわかるだろう
g) このことばは知らないけど、周りの文章から考えると、こういう意味だろうな
h) 文章の内容が理解できたかな
i) 読み取りたいことが読み取れたかな
j) いいストラテジーが使えたかな

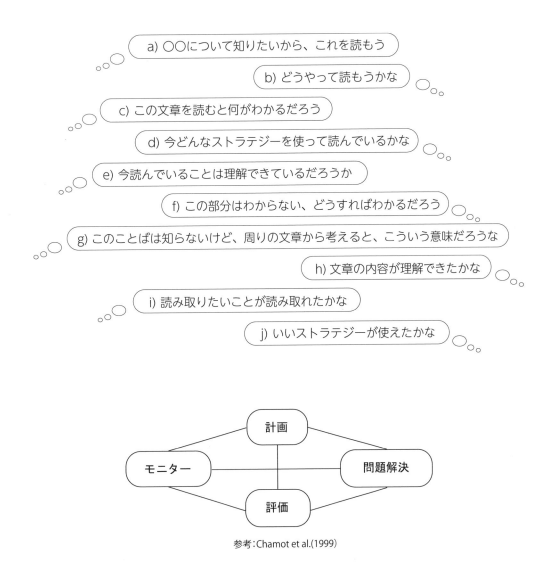

参考：Chamot et al.(1999)

メタ認知を活用して読むことができるようになると、文章を読みながら、または読み終わった後で、自分の読み方を振り返り、自分の苦手な部分に気づいたり、次にどのような読み方をするか考えたりするなど、次の学習につなげることもできます。

＜読むことについての悩みと対応するストラテジー＞

本書では、読むことについてのよくある悩みに対応した形で、ストラテジーを紹介しています。以下のような悩みがあるとき、それに対応したストラテジーを紹介している課を学習するとよいでしょう。

【悩み】

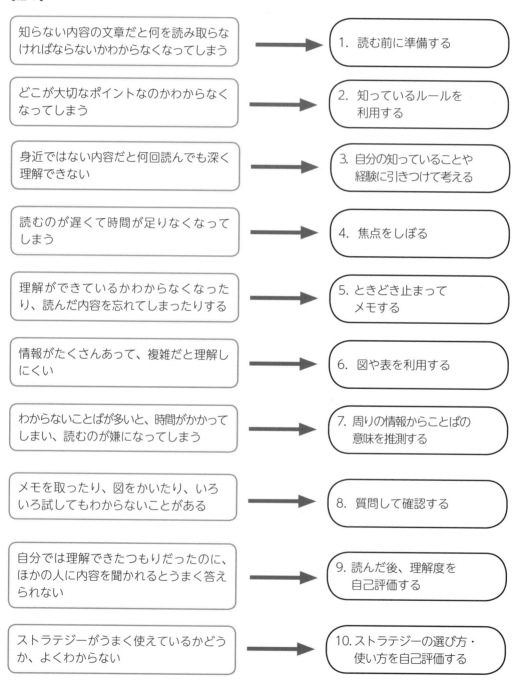

悩み	ストラテジー
知らない内容の文章だと何を読み取らなければならないかわからなくなってしまう	1. 読む前に準備する
どこが大切なポイントなのかわからなくなってしまう	2. 知っているルールを利用する
身近ではない内容だと何回読んでも深く理解できない	3. 自分の知っていることや経験に引きつけて考える
読むのが遅くて時間が足りなくなってしまう	4. 焦点をしぼる
理解ができているかわからなくなったり、読んだ内容を忘れてしまったりする	5. ときどき止まってメモする
情報がたくさんあって、複雑だと理解しにくい	6. 図や表を利用する
わからないことばが多いと、時間がかかってしまい、読むのが嫌になってしまう	7. 周りの情報からことばの意味を推測する
メモを取ったり、図をかいたり、いろいろ試してもわからないことがある	8. 質問して確認する
自分では理解できたつもりだったのに、ほかの人に内容を聞かれるとうまく答えられない	9. 読んだ後、理解度を自己評価する
ストラテジーがうまく使えているかどうか、よくわからない	10. ストラテジーの選び方・使い方を自己評価する

［xiページの解答］　計画：a) b) c)　　モニター：d) e)　　問題解決：f) g)　　評価：h) i) j)

目 次

はじめに … iii

本書をお使いになる先生へ … v

本書を使って学習する皆さんへ … x

読む前に

1. 読む前に準備する ………………………………………… 003

読んでいるとき

2. 知っているルールを利用する ……………………………… 015

3. 自分の知っていることや経験に引きつけて考える …… 025

4. 焦点をしぼる ……………………………………………… 033

5. ときどき止まってメモする ……………………………… 043

6. 図や表を利用する ………………………………………… 049

7. 周りの情報からことばの意味を推測する ……………… 061

8. 質問して確認する ………………………………………… 069

読んだ後で

9. 読んだ後、理解度を自己評価する ……………………… 079

10. ストラテジーの選び方・使い方を自己評価する ……… 091

語彙リスト ……………………………………………………… 099

おわりに ………………………………………………………… 113

xiv

読む前に

ここでは、文章を読む前に意識して使うストラテジーを紹介します。
読む前に目標や計画を立てます。自分はその文章の中からどのような情報を得たいか、どのように読み進めるかなどを考えます。

1．読む前に準備する

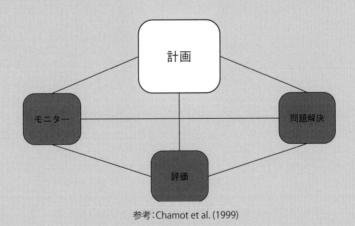

参考：Chamot et al. (1999)

1. 読む前に準備する

● さくら先生に質問

知らない内容の文章だと、読むのに時間がかかってしまいます。また、読んでいるうちに、何を読み取らなければならないかわからなくなってしまうことがあります。

いきなり読みはじめるのではなく、読む前に準備をするといいですよ。どんなことでも、準備は大切です。準備をしてから読むと、文章が読みやすくなり、何のために読んでいるかが明確になるでしょう。

● 読む前に、どのように準備すればいいでしょうか。

私は、文章を読む前に、そのテーマについて知っていることがないか考えて、背景知識を活性化させます。例えば、テーマについて知っていることがあったら、それについてイメージを膨らませたり、知っていることを関連づけたりします。知っていることがないときは、インターネットで調べたり、母語で書かれたものがあればそれを利用したりします。

私は、内容を予測してから読みます。例えば、本のタイトルや章のタイトル、見出しから、文章の内容を予測します。「こんなキーワードが出てくるかな」、「話の展開はこうなるかな」、などと予測すると、文章が読みやすくなったり、読むときに何に注目すればよいかわかったりします。

本や文章を読む前に、すぐ読みはじめずに、例えば「日本の教育制度について知る」「日本の貿易赤字の原因を読み取る」など何のために読むのかという目標を立てます。また、目次から、読む順番や読む部分を決めるなどの計画を立てることもあります。目標や計画を立てると、なぜ読むのか、どのように読むと効率がいいかがわかります。

● あなたは読む前にどのように準備をしていますか。

ストラテジーの練習 I

次のタイトルから、そのテーマについて知っていることをあげて背景知識を活性化させなさい。そして文章の内容を予測しなさい。

　　　　文章のタイトル：「インターネットの功罪」

ストラテジーの練習 II

あなたは環境問題について調べています。タイトル『文系のための環境科学入門』という本の目次を見て、この本を読んで何を知りたいか（＝目標）を決めて、本のどの部分を読むのか（＝計画）について考えなさい。

目次

序章　環境問題と環境科学
1　環境問題とはどのようなものか
2　どうすればよいか
3　環境科学の役割

第1章　大気汚染
1　古くて新しい問題
2　ばいじん
3　硫黄硫化物
4　窒素硫化物

第2章　上水道と生活排水処理
1　上水道
2　下水道と浄化槽

第3章　水質汚濁と土壌汚染
1　有機汚濁
2　富栄養化
3　鉱工業廃水
4　土壌汚染

第4章　悪臭と騒音
1　感覚公害
2　悪臭
3　騒音

第5章　廃棄物とリサイクル
1　廃棄物処理法
2　一般廃棄物
3　産業廃棄物
4　リサイクル

第6章　有害物質の基準	第9章　越境する大気汚染
1　何が有害物質なのか	1　酸性雨
2　基準の設定	2　光化学オキシダント
3　規制基準	3　PM2.5

第7章　オゾン層
1　紫外線
2　フロンとオゾン
3　オゾン層保護

第8章　地球温暖化
1　地球温暖化のメカニズム
2　地球温暖化の未来
3　緩和策
4　適応策

第10章　世界の淡水資源
1　水の世紀
2　国際河川

第11章　中国の資源と環境
1　ケーススタディ対象としての中国
2　食料需要と水、廃棄物
3　エネルギーと大気環境
4　政府の対策

第12章　環境の評価
1　環境アセスメント
2　ライフサイクル・アセスメント

出典：藤倉良・藤倉まなみ(2016).『文系のための環境科学入門　新版』有斐閣.

ストラテジーの練習Ⅲ

「日本の受動喫煙対策の問題点」という文章を読みます。

(1) タイトルを見て、受動喫煙や日本の対策について知っていることをあげ、背景知識を活性化させなさい。知っていることがない場合は、インターネット等で調べなさい。

(2) 読む前に、「日本の受動喫煙対策の問題点は何かを知る」という目標を立てました。その目標を意識して読みなさい。

　　受動喫煙による発がんのリスクが、日本人を対象とした研究で初めて科学的に証明された。

　　国立がん研究センターを中心とする研究班は、喫煙者の夫がいる非喫煙者の妻らを主な対象にした9本の論文を分析した。その結果、受動喫煙を継続的にしている人はしていない人に比べ、肺がんリスクは1.28倍上昇することがわかった。この結果を受けて、肺がんのリスク評価において、受動喫煙は、「ほぼ確実」から「確実」に変更された。また、がん予防の指針「日本人のためのがん予防法」も変更され、他人のたばこの煙はできるだけ避ける」から「避ける」に修正された。

　　世界保健機関（WHO）は、各国のたばこ対策7項目への評価において、日本は「受動喫煙からの保護」「マスメディアキャンペーン」「広告、販売促進活動などの禁止要請」の3項目が「最低」で、G7各国のうち総合順位が最も低かったと報告した。世界の49カ国では、医療機関や大学・学校、飲食店、公共交通機関などの公共の場で「屋内全面禁煙」とする法規制をしているが、日本は努力義務にとどまり、日本の受動喫煙対策は「世界最低レベル」と判定されている。

　　受動喫煙は、吸っている本人だけでなく他人にまで健康被害を及ぼすものであり、許されるものではない。受動喫煙防止対策として、国や自治体は、公共の場における屋内の100%禁煙化を目指すべきである。また、禁煙対策の進むオーストラリアなどのように、健康被害を示すデザインにパッケージを統一する、たばこの販売を促進するような広告を規制するなどの対策も講じていくべきなのではないだろうか。

参考：「『屋内100%禁煙化を』　日本の対策『世界最低レベル』たばこ白書案」『朝日新聞2016年8月31日朝刊』、「受動喫煙による日本人の肺がんリスク約1.3倍」国立がんセンターウェブサイト
http://www.ncc.go.jp/jp/information/pr-release/2016/0831/index.html（2018年8月29日閲覧）

(3) 日本の受動喫煙対策の問題点は何ですか。

(4) 目標を意識して読んでみてどうでしたか。気づいたことをあげなさい。

(5) 知っていることがないか考えたり調べたりしてから読んで、どうでしたか。気づいたことをあげなさい。

ストラテジーを使って読もう

1. タイトル「ユーモアの効果」を見て、背景知識を活性化させなさい。ユーモアの効果にはどのようなものがあると思いますか。

2. 「ユーモアの効果」(「『口語表現ワークブック』第2章スピーチのテクニックをさらにみがこう！ 4.ユーモアのあるスピーチ」) を読みます。タイトルから文章の内容を予測しなさい。

3. 読む前に、何のために読むか目標を立てなさい。

4. 3で立てた目標を意識して、次の文章を読みなさい。

「ユーモアの効果」

『口語表現ワークブック』第2章スピーチのテクニックをさらにみがこう！
4.ユーモアのあるスピーチ

　イギリス人は、「お前はバカだ。」と言われるより「お前はユーモアを解さない。」と言われる方が侮辱的に感じると聞いたことがある。たしかにイギリス人は、気の利いた洒落やユーモアで聴衆をわかし、その場をアットホームな雰囲気にしてしまうのが上手だ。ユーモアには、聞く人の気持ちを和ませるだけではなく、和んだ聴衆の雰囲気によって、話し手もまた緊張感から解放され、話がなめらかになるといった相乗効果がある。欧米人の中には、日頃ジョークを集めておいて、機会を見つけては、それを友人、知人に披露している人もいる。常にはっきりと自分の意見を主張しなければならない欧米の文化風土の中にあっては、他人の注目を集め、自分の主張に耳を傾けてもらうのに、ユーモアは大変有効なスキルである。それがいつでも口をついて出るように修得しておくことは、とても大事なことなのだ。

　一方、日本人のスピーチには、「頑張れ頑張れ」を連発して叱咤激励したり、感動でホロリとさせるようなものはあるが、「心にくい」と思わせるウィットやユーモアのセンスあふれるスピーチはあまり聞かない。これは、「日本人にユーモアのセンスが欠けている」ということなのか。必ずしもそうではないだろう。日本人は落語や漫才などの秀でた伝統的話術を発達させてきたし、日常生活の中でもユーモラスな話をし、それを楽しんで生活している。ただ、欧米人と違って、日本人の多くは「笑い」を個人的領域にとどめ、仕事場や公式な場所には持ち出さない、あるいは、持ち出すべきではないと思っている傾向が強いようだ。

　しかし、前述したように、ユーモアはスピーチにおいてすばらしい効果を発揮する。ありとあらゆる機会を見つけて、話にユーモアを取り込む努力は、やってみる価値がある。ウィットやユーモアをタイミングよく取り入れ、聴衆との間にラポー（連帯感）を築き、たくみに話を進めていくスピーカーは生まれたときからそのような能力を備えていたわけではない。日頃から笑いの材料を集め、集めては使う、といった努力と訓練を積んでいるはずである。

出典：稲田照子(2004).「スピーチのテクニックをさらにみがこう！」荒木晶子・稲田照子・尾関桂子・大道卓・甕克実・山本薫『口語表現ワークブック―自己表現スキルをみがく』p.47. 実教出版.(一部改)

5. 1と2で背景知識を活性化させたり文章の内容を予測したりしてから読んで、どうでしたか。気づいたことをあげなさい。

6. 目標を意識して読んで、どうでしたか。気づいたことをあげなさい。

内容理解チェック

1. ユーモアの効果を書きなさい。

2. 筆者の主張と一致するものに○、一致しないものに×を書きなさい。

(1) (　) ユーモアが欧米で有効なスキルであるのは、つねに自分の意見を主張しなければならない文化風土であるからだ。

(2) (　) 日本人のスピーチにユーモアが少ないのは、日本人にユーモアのセンスが欠けているからだ。

(3) (　) 日本人には「笑い」を公式な場所には持ち出さないと考える人が多い。

(4) (　) ユーモラスなスピーチができる人の中には、日頃から笑いの材料を集め、話にユーモアを取り込む努力をしている人もいる。

3. 下の表は、欧米と日本のユーモアの文化的背景をまとめたものです。a) 〜 c) に本文のことばを書きなさい。

欧　米	日　本
常にはっきりと a)＿＿＿＿＿＿＿＿＿＿＿＿＿＿＿＿＿＿＿しなければならない。他人の注目を集め、b)＿＿＿＿＿＿＿＿＿＿＿＿＿もらうのに、ユーモアは大変有効なスキルである。	「笑い」を c)＿＿＿＿＿＿＿＿＿＿＿＿＿＿＿＿＿＿＿、仕事場や公式な場所には持ち出さない。

| 1. 読む前に準備する | 011

振り返り

1. あなたは読む前にどのようなことを準備しましたか。

2. 「読む前に準備する」というストラテジーを使って読んでみて、どのようなことに気づきましたか。（この課の練習で自分ができたこと／できなかったこと、このストラテジーを利用する利点、このストラテジーはどのような文章で使いやすいか、どのようなときに使えそうかなど）

読んでいるとき

ここからは、読みながら意識して使うストラテジーを紹介します。
読みながら、読んでいる内容が理解できているかどうか、いい読み方ができているかどうかなど、自分で考えます。また、読んでいてわからないところがあったらどうすればいいかを考えて、解決できるようにします。

2．知っているルールを利用する
3．自分の知っていることや経験に引きつけて考える
4．焦点をしぼる
5．ときどき止まってメモする
6．図や表を利用する
7．周りの情報からことばの意味を推測する
8．質問して確認する

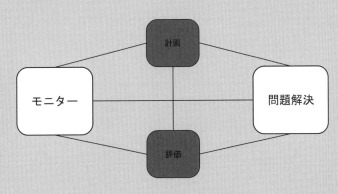

参考：Chamot et al. (1999).

知っている
ルールを利用する

2.

● さくら先生に質問

論説文を読んでいて、どこが大切なポイントかわからないときがあるんです。

論説文には、よく使われる文末表現や接続詞、文章の構成の型などがあります。これらをこの課ではルールと呼ぶことにします。いろいろなルールを知っていると、内容を理解するときの手がかりになって、読むときに大切なポイントが見つけやすくなります。また、次の内容を予測しながら読むこともでき、読みやすくなるでしょう。文章の中に知っているルールがあったら、それを意識して読むようにしましょう。

● どのようなルールが利用できるでしょうか。
　どのように利用すればいいでしょうか。

私は、「序論」「本論」「結論」など、段落の構成を意識して読みます。例えば、「序論」は文章の初めのほうの段落で、その文章の内容について簡単に書かれていることが多いので、序論を読みながら、本論の内容を予測します。

論説文には必ず論点と結論があるので、論説文を読むときは、それらを見つけるようにします。「なぜ〜のだろうか」「〜なのではないだろうか」のような表現は、論点を示す文によく使われるので、そのような表現が出てきたら、注意して読みます。また、「以上のように」「このように」のような表現が出てきたら、そこに結論が書かれているかもしれないと考えて読みます。

私は、「確かに」「しかし」が続いて出てくるときに注目します。「確かに」の後は筆者の反対の立場の意見が書かれていて、「しかし」「が」など逆接の表現の後に、筆者の主張が書かれていることが多いからです。

● あなたはどのようなルールをどのように利用して読んでいますか。

ストラテジーの練習 I

自分が知っているルールを利用して次の文章を読みなさい。どのようなルールを利用しましたか。そのルールを利用して、どのようなことがわかりましたか。下の表に「利用したルール」と「わかったこと」を書きなさい。

　高齢者は社会的弱者と言われる。確かに、身体的機能は衰え、退職すれば収入も減るが、実際には、健康的な生活を送っていて、経済的にも自立した高齢者は多い。政府や自治体は高齢者が活躍できる場を増やすべきだ。例えば、その人の仕事の経験をいかしたボランティア活動や、地域の子どもたちの放課後の活動支援など、高齢者が積極的に参加できる仕組みを作るべきであろう。

5

利用したルール	わかったこと
【例】「確かに」の後は筆者と反対の立場の意見が書かれていて、逆接の表現「〜が」のあとは、筆者の主張であることが多い。	【例】筆者は、実際の高齢者は社会的弱者ではないと考えている。

ストラテジーの練習 II

自分が知っているルールを利用して次の文章を読みなさい。どのようなルールを利用しましたか。そのルールを利用して、どのようなことがわかりましたか。下の表に「利用したルール」と「わかったこと」を書きなさい。

　現在の日本は、世界に先駆け、超高齢社会に突入している。超高齢社会にはどのような問題があるのだろうか。まず、社会保障費の増大である。その費用の増大で、国が破たんする恐れもあるといわれているほどである。次に、医療に携わる人材の不足である。高齢者が増えればそれに比例し医療の現場に携わる人材の確保も必要になる。現在でも、医師や看護師が不足しているが、このまま高齢化が進めば、今後、人材不足はより一層顕著になると考えられる。さらに、介護負担の増大である。介護をするためにはさまざまな費用が発生し、一部は国が負担しているが、年々増え続ける社会保障費などの問題によって、介護者が負担する介護費用の割合が増加していくと考えられている。

利用したルール	わかったこと
【例】「どのような〜のだろうか」（1〜2行目）は文章の論点を示す場合が多い。	【例】この文章は、高齢化社会にどのような問題があるかを論じている。

2. 知っているルールを利用する ｜ 017

ストラテジーの練習 Ⅲ

以下はある文章の序論です。自分が知っているルールを利用して読んで、この序論に続く本論の内容を予測しなさい。下の表に「利用したルール」と「予測したこと」を書きなさい。

　　フリマ（フリーマーケット）が全国各地で行われるようになった。フリマの開催情報をのせているウェブサイトや雑誌は多く見られるし、フリマに出店したり、買い物したりする方法を説明したガイドブックまである。フリマは、中古品や不用品を持ちよって売買や交換をすることで、環境保護に寄与することを目的の一つにしているが、実際にどのように環境に役立っているのだろうか。

5

利用したルール	予測したこと

018　│ 2. 知っているルールを利用する │

ストラテジーを使って読もう

読む前に

高齢化問題ということばを聞いたことがありますか。「高齢化」は問題だと思いますか。どのような問題があると思いますか。

読んでみよう

自分が知っているルールを利用して次の文章を読みなさい。どのようなルールを利用しましたか。そのルールを利用してどのようなことがわかりましたか。例のようにルールを利用した部分に線を引いて、21〜22ページの表に「利用したルール」と「わかったこと」を書きなさい。

「高齢化はなぜ問題か」

　高齢化問題ということばを聞いて、何か変だなと思いませんか。よく使われていることばなので、高齢化が問題なのは当たり前に聞こえてしまいますが、本当にそうでしょうか。高齢化問題ということばをもう少しやさしく言い換えると、長生きする人が多いのは問題だ、ということです。自分や家族について考えるときは、みんな長生きしたいと思うはずです。ところが、社会全体で考えると、みんなが長生きなのは問題だ、ということになってしまいます。一人ひとりについて考えるときは長生きはいいことなのに、世の中全体について考えると長生きする人が多いのは困ったこと、となってしまうのはなぜでしょうか。またその問題はどうすれば解決するでしょうか。

　高齢化、すなわち、長生きする人が増えることによる問題点として、一般に言われていることとして次のようなものが挙げられるでしょう。

1) 医療や介護などの費用が増えるが、負担するのは若い世代で、その額は将来とても大きくなる

2) 介護などの人手や施設がたくさん必要になるが、不足している

3) 高齢者が参加できる活動や仕事がないので、老後の収入や生活に不安がある

4）孤独死が増加し、高齢でひとり暮らしをすることへの不安が増している
5）日本の高齢者の自殺率は、諸外国よりも高い

　なぜ1）～3）が問題なのかを考えてみると、1）は若い世代が生活に必要な支出のかなりの部分を減らして、税金や社会保障にまわさなくてはならなくなり、将来の生活はひどく苦しくなるから問題だ、といわれるわけです。費用を負担するのに十分な収入がない、つまり、収入の不足が問題の原因にあります。2）、3）も1）と同様で、施設や人手、雇用や活動などが必要な量に比べて少ない、つまり、供給されている量が需要に比べて少ないことが原因です。

　1）～3）が経済の問題であるのに対し、4）、5）は、日々の暮らしや生きがいに関する問題です。高齢になると、仕事や学びを通して日常的に関わる人や参加する場が乏しくなることが、孤独死や自殺の背景にあると考えられます。こうした、生活や生きがいに関することをライフスタイルと呼ぶとすれば、4）、5）はライフスタイルの問題と呼ぶことができるでしょう。

　このように考えてくると、日本の高齢化問題には経済とライフスタイルの2つの原因があることがわかります。高齢化問題を解決するには、経済に関する取り組みである「経済の向上策」と、ライフスタイルをより良いものにするための取り組みである「ライフスタイルの向上策」の2つが必要です。

　経済の向上策には、供給を増やす、すなわち、国民の収入を増やす、施設や人材を十分に確保する、高齢者が活躍できる職場や活動を増やす、という取り組みが必要です。国民の収入を増やすには、経済が安定して成長することや、成長する企業が多く誕生することが求められるでしょう。また、農業や林業など1次産業で新たなビジネスが誕生しているように、既存の産業を革新するビジネスが誕生することも必要です。施設や人材が十分に確保されるためには、介護事業の収益性を高め、資金の提供者や仕事を求める人にとって、介護が魅力ある事業にかわる必要があります。高齢者が活躍できる場を増やすには、高齢者が若い世代に体験や技能を伝える教育活動や、高齢者が新たな職業に就くための職業教育が広がることが必要でしょう。

　以上のような供給を増やす取り組みだけでなく、需要を抑える、すなわち医療や介護のための費用の増加を抑えるための取り組みが必要です。高齢になると誰もが介護が必要になるのではありません。より多くの人がより長い期間元気に暮らせるよう、

子供のころから高齢に至るまで継続して健康増進や介護予防に努めることで、医療や介護への需要の伸びを抑えることは可能です。生活習慣病という言葉があるように、医療や介護が必要になる原因は生活の中、とりわけ食生活の偏りや運動不足にある場合が多くなっています。

　食生活をより健康なものにするには、家庭での食事だけでなく、学校給食、ファーストフードやコンビニ業界、さらに、そこへ商品を供給する農家や食品メーカーなどの協力も必要です。運動に関しては、高齢となっても誰もが気軽に運動できることが必要です。そのための場所だけでなく、一人ひとりに応じたプログラムの開発やその利用をサポートするスタッフの養成も必要です。

　このように、高齢化問題を解決するためには、福祉だけが取り組めばよいのではなく、さまざまな事業を行う人が連携して知恵や力を出し合うことが、経済やライフスタイルの向上策に必要であることがわかります。

出典:福田潤(2009).『社会福祉を変えるマネジメント—新たなケアサービスの探究』pp.3-6. あいり出版.(一部改)

行	利用したルール	わかったこと
2〜3	【例】「本当に〜でしょうか」という形で提示されているときは、実はそうではないという筆者の主張がある。	【例】筆者は高齢化は問題ではないと考えている。

行	利用したルール	わかったこと

内容理解チェック

1. 本文の 1) 〜 5) がそれぞれ何の問題か書き、問題である理由も書きなさい。

問題点		問題である理由
1)	a) ＿＿＿＿＿＿＿＿の問題	c)
2) 3)		d)
4) 5)	b) ＿＿＿＿＿＿＿＿の問題	e)

2. 筆者は、高齢化問題を解決するためには、2 つの対策があると述べています。どのような対策ですか。以下はそれぞれの対策について取り組みの内容をまとめたものです。a) 〜 t) に本文のことばを書きなさい。

(1)「a)＿＿＿＿＿＿＿＿の向上策」

　　取り組みの内容：

　　◎供給を増やす

　　　・「国民の b)＿＿＿＿＿＿＿を増やす」

　　　・「施設や c)＿＿＿＿＿＿＿を十分に確保する」

　　　・「高齢者が活躍できる d)＿＿＿＿＿＿＿や活動を増やす」

　　○具体的には、

　　　・経済が e)＿＿＿＿＿＿＿＿＿＿こと、f)＿＿＿＿＿＿＿＿が多く誕生すること

　　　　g)＿＿＿＿＿＿＿＿＿＿＿＿＿するビジネスが誕生すること

　　　・介護事業の h)＿＿＿＿＿＿＿を高めること、介護が i)＿＿＿＿＿＿＿事業

　　　　にかわること

　　　・高齢者から若い世代への j)＿＿＿＿＿＿＿活動、高齢者の k)＿＿＿＿＿教育

| 2．知っているルールを利用する | 023

(2)「l)_____の向上策」

　取り組みの内容：

　◎需要を抑える

　「m)_____や n)_____に努めることで、医療や介護への需要の伸びを抑える」

　○具体的には、

　　・食生活を健康なものにするために、家庭での食事、学校給食、

　　　o)_____や p)_____、

　　　q)_____や r)_____などの協力

　　・高齢となっても気軽に運動できるように、場所の提供だけでなく、一人ひとりに応じた s)_____の開発や t)_____の養成

3. 筆者は 2 つの対策で必要となることは何だと述べていますか。

振り返り

1. あなたはどのようなルールを利用して読みましたか。どのようなことがわかりましたか。
2. 「知っているルールを利用する」というストラテジーを使って読んでみて、どのようなことに気づきましたか。（この課の練習で自分ができたこと／できなかったこと、このストラテジーを利用する利点、このストラテジーはどのような文章で使いやすいか、どのようなときに使えそうかなど）

3. 自分の知っていることや経験に引きつけて考える

● さくら先生に質問

文章の内容が身近ではない場合、何回読んでも深く理解できないんです。1つ1つのことばの意味はわかるのですが……。

文章の内容が身近ではなくて深く理解できないときは、自分に引きつけて考えるとわかりやすくなりますよ。自分に引きつけて考えるというのは、文章を読んでいるとき、自分が持っている知識や経験を当てはめたり、身近なことばで言い換えたりすることです。文章に書かれていることだけを見るのではなく、そこからいろいろイメージしてみてください。

● どのようにすれば自分の知っていることや自分の経験に引きつけて考えながら読むことができるでしょうか。

私は「これは前にテレビで見た○○○○のことだろうか」「高校で習ったことと関係があるかもしれない」と自分の知っていることを当てはめてみます。

私は「自分も同じような経験があるだろうか」「これは子どものときにしたことと同じだ」と自分が経験したことを当てはめてみます。

私は「例えば△△△△のことだろうか」「具体的に言うと、××××だろうか」と例を考えたり、「つまり、□□□□のことだろうか」と自分がわかることばや表現で言い換えたりしてみます。

● あなたは自分の知っていることや経験にどのように引きつけて考えながら読んでいますか。

ストラテジーの練習 I

①②の下線部について、自分の知っていることや経験を当てはめたり、ほかのことばで言い換えたりしながら、次の文章を読みなさい。どのように自分に引きつけて考えたか、下に書きなさい。

　　ある言語で言葉が発せられた時、相手はそれを聞いて「理解」し、それに対して自分の意見を言う―何の変哲もないことだが、発言のもともとの意味が100％相手に伝わることはむしろ稀ではなかろうか。
　　近い関係であるはずの夫婦や兄弟親子でも、意思の疎通がままならないことがある。嫁姑、会社の上司と部下、同僚、先生と生徒、友人……　①環境が異なれば異なるほど、溝は深まる。同じ言語でさえ、そうである。ましてや、異なった言語を話す人と理解しあおうということは、極めて難しい。
　　②人は誰も、自分の生まれ育った環境の中で得た「尺度」で物事を判断する。しかも無意識のうちに。「文化」には「国の文化」「地方の文化」「民族の文化」最近では「企業の文化」と、さまざまな次元があるが、マクロとしての文化を細分化すれば、個人個人の文化に行き着くのではないだろうか。最も自立度の高いミクロの文化が、この「個人の尺度」であろう。

出典：馬越恵美子(2011).『ダイバーシティ・マネジメントと異文化経営』p.13. 新評論.

① 　環境が異なれば異なるほど、溝は深まる

【例1】つまり、友人の中でも、同じ学校の人や同じアルバイトをしている人とは話が通じやすいが、違う学校の人やアルバイトをしていない人とは話が通じにくいということかな。(自分がわかることばや表現で言い換える)
【例2】確かに同じ地域から来た留学生のことは理解しやすいが、違う地域から来た留学生のことは理解しにくいな。(自分が経験したことを当てはめる)

② 　人は誰も、自分の生まれ育った環境の中で得た「尺度」で物事を判断する

ストラテジーの練習 II

①〜③の下線部について、自分の知っていることや経験を当てはめたり、ほかのことばで言い換えたりしながら読みなさい。どのように自分に引きつけて考えたか下に書きなさい。

　　自己評価は、他者による評価をその源にもっている。①子どもがある対象的活動をすると、他者はそれを、好ましいとか価値あることだとか評価する。もちろん、逆の評価もする。類似の経験が重ねられていくうちに、子どもは対象的活動と評価との結びつきがわかるようになる。すなわち、どういう活動をすればおとなが承認し、賞賛するか、また逆に否認し、叱責するかがわかるようになる。何が価値的にプラスのことで、何がマイナスのことであるかの判断ができるようになる、ということだ。おとなが喜びそうなことがわかって、②演技性をもった振舞いをしてみせる、などというのはこの関係をわきまえていることを示すものだ。このような段階をへて、他者による評価は子どもに内面化される。他者がくだすであろう評価（それはもっと進めば一般的他者すなわち社会の評価になる）が子どものなかに取り込まれ、子ども自身による評価となるのである。③子どもが、「こんなことをしたらお父さんに叱られるかしら」などと考えて、しようとしていたことを思いとどまる、というのはその例である。こうした評価は、それぞれの子どもにおいて、ある一貫性をもったものとして形成されていく。したがってそれは、少しむずかしい言い方をすれば、子どもにおける価値意識の形成であるといってよいだろう。

出典：茂木俊彦(1990).『障害児と教育』pp.33-34.岩波書店.

① 子どもがある対象的活動をすると、他者はそれを、好ましいとか価値あることだとか評価する

② 演技性をもった振舞い

③ 子どもが、「こんなことをしたらお父さんに叱られるかしら」などと考えて、しようとしていたことを思いとどまる

ストラテジーを使って読もう

読む前に

1. 下の吹き出しにことばを入れましょう。

出典：森和代(2007).「図5-5 医師―患者関係」(イラスト：田口直子). 春木豊・森和代・石川利江・鈴木平(共著),『健康の心理学―心と身体の健康のために―』p.129. サイエンス社.

2. 病院に行ったときのことを思い出してください。どのような思い出がありますか。思い出の中で医師はどのような存在でしたか。

3. あなたにとってよい医師とはどのような医師ですか。

読んでみよう

①〜⑤の下線部について、自分の知っていることや経験を当てはめたり、ほかのことばで言い換えたりしながら次の文章を読みなさい。どのように自分に引きつけて考えたか、p.30 に書きなさい。

「患者と医師との関係」

　医師との関係は患者にとって生命や健康に影響する重要な問題と言える。信頼関係が構築され、コミュニケーションが円滑に進み、相互の情報がきちんと把握されれば、医師は適切な診断や治療の選択をすることができ、患者の治療意欲は高まる。しかし多くの患者は、①医師との不快な関係を経験している。7 割の医師は患者が話し始めて 18 秒以内に口をはさんで遮ると報告されている（Beckman & Frankel, 1984）。

　とくに日本の場合、患者対医師の関係は、パターナリズム（父権主義的態度）が顕著と言える。足立（1994）は「医師は患者に対して援助者といった謙虚な態度で接するのではなく、②封建的主君のごとき権威者として臨み、患者はそれに対して当然のごとく②忠実従順に屈服すべき臣下や従者とみなして接していると言ってよい」と述べている。しかし、最近、日本でも医師−患者関係の重要性が認識されるようになり、医学教育にコミュニケーションスキルや面接技法の強化を目的とする医療面接の学習が含まれるようになった。

　医師−患者間のコミュニケーション行動は、③情緒的行動（社会−情動的行動：care 志向）と手段的行動（課題焦点型：cure 志向）に分類される（Ong et al., 1995）。情緒的行動は、励まし、リラックスした態度、④オープンで誠実な態度などを含み、医師と患者の間に良い関係を築き維持することを目的とした行動である。

　手段的行動は、治療や検査の決定、手術、薬の処方、情報提供、助言、指示、など医師の専門性の基盤と言える。医師の情緒的行動や態度と患者満足度の関連を示す研究は数多い。医師の温かさ、熱心さ、共感性、親しみやすさや、患者の個人的な関心や心配に対する医師の配慮などは患者満足度を高めると報告されている。これに対して医師の脅威的、支配的、権威的態度や診察中の医師と患者のネガティブな感情の表出などは、患者満足度を低下させる作用が示された。医師の手段的行動と情緒的行動の患者に対する影響力のちがいについては意見が分かれる。情緒的行動のほうが患者

に与える影響力が大きいとする研究がある。

　医療は ⑤専門性の高いサービスであるため、これまでは提供されるサービスの内容は医師の判断によるものとされていた。しかし、近年になって、インフォームドコンセント（説明と同意）についての認識が広まり、患者から自らが受ける医療サービスの内容理解と、選択要求が高まっている。近年欧米では、患者に対するコミュニケーションスキル教育の研究が蓄積されつつあり、患者側のスキル向上により情報交換が改善し、診察の質が高まることが示されている（Bruera et al., 2003）。

出典：森和代(2007).「疾病とヘルスサービス」春木豊・森和代・石川利江・鈴木平(共著),『健康の心理学─心と身体の健康のために─』pp.128-130. サイエンス社.（一部改）

① 医師との不快な関係を経験している

② 封建的主君のごとき権威者
　　忠実従順に屈服すべき臣下や従者

③ 情緒的行動 (社会−情動的行動：care 志向) と手段的行動 (課題焦点型：cure 志向)

④ オープンで誠実な態度

⑤ 専門性の高いサービス

内容理解チェック

1. 医師と患者とが良好なコミュニケーションをもつことによってどのような変化が生じますか。a～dの中から正しくないものを選びなさい。

    a. 医師による適切な診断や治療の選択
    b. 患者の治療意欲の高まり
    c. 医師と患者との信頼関係
    d. 患者の謙虚な治療態度

2. 「患者が話し始めて18秒以内に口をはさんで遮る」(4～5行目)ということは、何の例としてあげられていますか。a～dの中から正しいものを選びなさい。

    a. 相互の情報を把握する方法
    b. 良好なコミュニケーションを阻害する要因
    c. ネガティブな感情の表出
    d. 権威者としての医師の手段的行動

3. 以下は13～24行目の内容をまとめたものです。a)～d)に本文のことばを書きなさい。

    医師－患者間のコミュニケーション行動

    ・情緒的行動：a)_____など

    ・手段的行動：b)_____など

    患者満足度を高めるもの：c)_____など

    患者満足度を下げるもの：d)_____など

| 3．自分の知っていることや経験に引きつけて考える | 031

4. 筆者が最も言いたいことは何ですか。a～dの中から最も適切なものを選びなさい。

 a. パターナリズムが顕著な日本では医療面接の学習が必要だ。
 b. 患者満足度を高めるよう、情動的行動と手段的行動の影響を知ったほうがいい。
 c. 患者と医師とがよいコミュニケーションをとることで、医療の質が高まる。
 d. 医療は専門性の高いサービスなので、患者もスキルを高めればよい治療ができる。

振り返り

1. あなたはどのように自分に引きつけて考えて読みましたか。
2. 「自分の知っていることや経験に引きつけて考える」というストラテジーを使って読んでみて、どのようなことに気づきましたか。（この課の練習で自分ができたこと／できなかったこと、このストラテジーを利用する利点、このストラテジーはどのような文章で使いやすいか、どのようなときに使えそうかなど）

4. 焦点をしぼる

● さくら先生に質問

読まなければならない課題が多いんですが、私は読むのが遅くて、時間が足りないんです。

必要なところとそうじゃないところを意識して読むといいですよ。自分が必要だと思う情報が書かれている所だけに焦点をしぼって、その部分を探して読んで理解するようにしましょう。そうすると、時間も短くてすみ、効率的に読むことができますよ。

● どのように焦点をしぼればいいでしょうか。

テストのときは、先に問いを見て、その問いに使われていることばやそれに関連があるところを探して読みます。

先生に「この資料を読んで筆者の考えをまとめなさい」と言われました。筆者の主張ではないことも書かれているので、筆者の主張が書かれているところを探しながら読みます。筆者の主張は「〜べきだ」「〜のではないか」という表現が使われていることが多いので、そのような表現が使われているところを探します。

「日本の観光産業」についてレポートを書きます。私は「訪日外国人観光客をどのように集めるか」について書こうと思うので、レポートのテーマと関係のあるところ、例えば「インバウンド」「外国語対応」「ビザ要件の緩和」などのことばに注目して、読みます。

文章の最後の部分に筆者の考えが書いてあることが多いので、時間がないときは、最後だけ読みます。

● あなたはどのように焦点をしぼって読んでいますか。

ストラテジーの練習 I

1. 次の文章はポイントカードについて説明しています。「ポイントカードを利用することによる店側のメリット」に焦点をしぼって2分で読みなさい。

　　レジでお金を払おうとすると、「ポイントカードをお持ちですか」と聞かれることがある。ポイントカードとはポイントを記録する専用のカードのことで、購入額に応じてポイントがつくようになっている。一般的には、購入した金額の1%のポイントがもらえ、次回以降に1ポイントを1円として利用ができることが多い。スタンプ式、バーコード式、カードリーダー式などがあり、小売業やサービス業で多く行われている。

　　ポイントを貯めることによる顧客側のメリットは、ポイントが割引や商品などに還元されることである。一定のポイントを集めると、数%の割引になったり好きな商品が購入できたりする。最近では、レジ袋を断ることでもポイントを受け取れる店が増えた。

　　一方、店側のメリットとしては、固定客の確保がしやすいことや、顧客の購買状況が把握できることがある。例えば、ポイントカードを顧客に持たせることによって来店が促進できたり、付与したポイントによって顧客の満足度を高めたり、顧客の情報を効果的な販売促進に生かしたりできる。

　　今や多くの会社や店が顧客の囲い込みの手段として利用しているが、顧客側も単にポイントを集めるだけでは飽き足らなくなっている。そこで、店側は、あるお店で貯めたポイントを別のお店で使えるようにする、集めたポイントで寄付したり人気商品の抽選に応募したりできるようにするなど、あの手この手で顧客をつかもうとしている。

　　このようにポイントカードは、顧客側だけでなく、店側にもメリットがあるため利用が進んでいるのである。

(1) ポイントカードを利用することによる店側のメリットは何ですか。

2. あなたはどのように焦点をしぼって読みましたか。

ストラテジーの練習 II

1. 筆者の主張に焦点をしぼって次の文章を1分で読みなさい。

　　未成年者が喫煙すれば、成長途上の身体に対し深刻な影響がある。タバコは発育障害を引きおこすだけでなく、がんのリスクを急上昇させるといわれている。
　　タバコの広告は世界各国で規制が強まっているが、映画やドラマの喫煙シーンには規制がない。WHO（世界保健機関）によると、2014年のハリウッド映画のうち喫煙シーンがある作品は40％以上だったという。また、喫煙を始めた未成年のうち、37％は映画がきっかけとなったという。未成年が喫煙を始めるのを防ぐため、喫煙シーンがある映画を成人向けに指定するべきなのではないだろうか。

参考：「喫煙場面ある映画は成人指定をWHOが勧告」NHKニュース(2016年2月1日)

(1) 筆者の主張は何ですか。

2. あなたはどのように焦点をしぼって読みましたか。

ストラテジーを使って読もうⅠ

読む前に

1. 家庭生活から生じる環境の悪化の原因となることにはどのようなことがあると思いますか。

2. 環境を守るためにあなたができることは何ですか。

読んでみよう

1. あなたは「エコマーク」と「グリーンマーク」がどのようなものか調べています。「エコマーク」と「グリーンマーク」に焦点をしぼって次の文章を2分で読みなさい。

「グリーンなライフスタイル」

　わたしたちの生活はこれまで、自然や環境から恵みを享受することで成り立ってきた。しかし、その生活が自然を破壊し、環境に大きな影響を及ぼすようになった。だから、これからはできるだけ環境に負荷をかけない生活を営んでいかなければならない。

　実際、何をどうすればいいのか。環境を守るため、環境に負荷をかけないようにライフスタイルを変えろ、といわれても実感はわきにくい。しかし、ひとりの消費者として、日常の生活のなかでできることからはじめればいいのである。(中略)
環境を守るのに役立つと認められる商品には、財団法人日本環境協会[注1]が「エコマーク」をつけている[注2]。地球を左右の手が抱きかかえるようなイラストで両手がアルファベットのEにも見える。

　また、古紙再生促進センターが実施している制度に、「グリーンマーク」がある。古紙を再生して利用した製品についているマークで、一本の木を図案化、これもアルファベットのGで囲んだように見える。学校や自治体がこのマークを集めて送ると、

苗木が配布される。緑を地域に増やすことで自然環境の保護に役立たせると同時に、市民や生徒・児童に森林資源の大切さを知ってもらおうという意図がある。

賢い消費者としては、まず、こうした「マーク」がついた商品を買うことからはじめよう。「エコマーク」がついた商品は現在、4,000品以上もある[注3]。

次に考えられるのは、修理や部品交換がしやすい商品を選ぶことである。たったひとつの部品がダメになったために、新品同様のものが使えないことが、よくある。面倒だから買い換えればいいと、新品同様のものをゴミに出してしまった経験を持っている人は少なくない。修理に出すのも面倒だし、頼んでもなかなか来てくれない、料金も高いという理由で同じように捨ててしまったこともあるだろう。金銭面でもムダなことだが、その製品をつくるための原料や工程、運搬のエネルギーなどを考慮すれば、家計費のムダ以上に資源のムダをしていることになる。

出典：小礒明(2002).『TOKYO環境戦略：自然を育む首都再構築に向けて』pp.316-321. 万葉舎.(一部改)

(1)「エコマーク」とはどのようなものですか。

(2)「グリーンマーク」とはどのようなものですか。

2. あなたはどのように焦点をしぼって読みましたか。

注1：2013年、財団法人日本環境協会は公益財団法人日本環境協会となった。
注2：エコマークは公益財団法人日本環境協会が制度を運営し、商品の認定を行っている。
注3：2019年現在、51,000点にものぼっている。

内容理解チェック

1. a～dの中から、エコマークとグリーンマークをそれぞれ選びなさい。

   a.   b.   c.   d.

2. 環境を守るために消費者ができることとして筆者が提案していることを2つあげなさい。

3. 「家計費のムダ以上に資源のムダをしていることになる」（24行目）とあるが、資源のムダとは何か具体的に書きなさい。

ストラテジーを使って読もうⅡ

読む前に

子どもの葛藤と聞いて、どのようなことを思い浮かべますか。

読んでみよう

1. 次の文章の1行目に、「受容とはどういうことか」と書かれています。筆者の考える受容とはどのようなことかについて焦点をしぼって3分で読みなさい。

「葛藤する子どもの心をも受け入れる」

　いま学校や保育園では、受容とはどういうことか、そしてそれは指導とどのような関係にあるのか、ということが実践上の大きな問題になっています。たとえば、登校拒否・不登校の問題を考えたり、そういう子どもたちに対応していく場合に、「学校に行かなくていいんだよ」「あるがままにいればいいんだよ」と言うのがいいのだとよく言われます。このことを入り口にして「受容とはどういうことか」をもうちょっと深めて考えてみたいと思います。

　「学校に行かないで生きるという生き方もある。行けないのなら行かなくてもいい。あるがままに生きていきなさい。それを私たちも受け入れますよ」というのは、これはこれとして間違っているわけではないと思います。子どもたちは客観的に行けないでいる状態、あるいは行かない状態をあるがままに受け入れられているという安心感を得ることができるでしょう。

　しかしさらにもう一歩子どもの内面に立ち入ったところではどうでしょうか。子ども自身はやっぱり行きたいと思っているということはないでしょうか。おそらくほとんどすべての子どもは、やっぱり学校へ行きたい、みんなと同じように友だちと会い、勉強し、そのほかの活動をやってみたい、けれども行けない、と葛藤しているのではないでしょうか。「行けなければ行かないでいいんだよ」という言葉は、そういう苦しい矛盾した状態のなかで生きている子にとっては、ある程度は自分を慰めてくれる言葉であっても、結局深いところではわかってくれていないという実感は拭えないだ

ろうと思います。いったんは自分が悪いことをしているわけではないと、親や周りの大人はわかってくれていると安心しますが、学校へのこだわりはそうかんたんには消せるものではありません。またこだわってあたりまえだと私は思います。

　学校へ行けないでいる子どもたちはときどき、友だちに電話をかけて「明日から行くからね」と言ってみたり、友だちや親と約束はしないけれど密かに学校に行く準備をして、かばんに教科書やノートを入れたりしているのです。けれど朝になると体が動かないという状態なのです。ですからそこには大変強い学校への願い、友だちのなかにいたいという気持ちがあるのです。でもそれがうまく実現しないことへの苛立ちや悔しさ、あるいは情けないと自分を責める気持ちなど、いろいろなものがあるのです。この点が不登校・登校拒否の子どもを理解するときに、私たちの側で自覚しておかなければならないことだろうと思います。

　「学校に行かない権利だってあるんだ」という言い方をする人がいます。それは本当に子どもたちと話をして、子どもたちの行きたいけれども行けない状態にまで立ち入って理解しながら行う問題の提起の仕方でしょうか。行かない権利と言う前に、行きたくても行けないその葛藤した状態、たいへんつらい状態を、その子にそって理解することこそが大切なのではないでしょうか。

　あるがままに受け入れる、受容するというのは、客観的に認められる、その子の外面的な行けない状態そのものをまずもって認めることと合わせて、「行きたくても行けない」と葛藤し揺れている内面的な状態をも含めてあるがままに受け入れなければなりません。矛盾、葛藤している状態に共感を寄せながらそれを理解するということが、あるがままに受け入れるということなのだというふうに思います。

出典：茂木俊彦(2003).『受容と指導の保育論』pp.94-96. ひとなる書房.(一部改)

(1) 筆者の考える受容とはどのようなことですか。

2. あなたはどのように焦点をしぼって読みましたか。

内容理解チェック

1. 本文の内容に合うように、a～dの中から最も適切なものを選んで文を完成させなさい。

子どもたちが葛藤しているのは、＿＿＿＿＿＿＿＿＿＿＿＿＿＿＿＿＿＿＿＿＿＿。
    a. 学校に行きたくないからだ。
    b. 学校に行きたいと思いながらも行けないからだ。
    c. 学校に行かなくてもいいと周りの大人から言われるからだ。
    d. 学校に行かなければならないと周りの大人から言われるからだ。

2.「不登校・登校拒否の子どもを理解するときに、私たちの側で自覚しておかなければならないこと」（28～29行目）は何ですか。a)～c)に本文のことばを書きなさい。

不登校・登校拒否の子どもは、a)＿＿＿＿＿＿＿＿＿＿＿＿＿＿＿＿ たい、友だちと勉強したり活動したりしたいという気持ちがあるにも関わらず、それができないことに対して、b)＿＿＿＿＿＿＿＿＿ や悔しさ、c)＿＿＿＿＿＿＿＿＿ 気持ちなど、複雑な感情があるということ。

3. 筆者の考える「受容」として本文の内容と合っているものを、a～dの中から1つ選びなさい。
    a. 子どもの言ったことを、すべてそのまま容認すること。
    b. 憲法で保障されている子どもの権利を、すべて認めること。
    c. 子どもが学校に行けるように、周りの大人たちが応援すること。
    d. 相手の外面的な状態も内面的な状態も合わせて受け止めること。

| 4. 焦点をしぼる | 041

振り返り

1. あなたはどのように焦点をしぼって読みましたか。

2.「焦点をしぼる」というストラテジーを使って読んでみて、どのようなことに気づきましたか。（この課の練習で自分ができたこと／できなかったこと、このストラテジーを利用する利点、このストラテジーはどのような文章で使いやすいか、どのようなときに使えそうかなど）

5. ときどき止まってメモする

● さくら先生に質問

文章を読んでいて、理解ができているかどうかわからなくなったり、さっき読んだばかりの内容を忘れてしまったりするんです。

文章をただ読み進めるだけでなく、「私はこの部分の意味がわかっているだろうか」「ここまでの内容を理解しているだろうか」と、ときどき止まって自分に問いかけながら読むと、自分が内容を理解できているかどうか確認できます。また、止まったところで、しるしをつけたり、メモしたりしておくと、内容を整理できるし、忘れにくくなりますよ。

● 読んでいるときに、どのようなところで止まってメモするといいでしょうか。

私は、キーワードや文章の論点など大切だと思ったところで止まって、そこに丸をつけます。

私は、文章の流れが変わったところにしるしをつけます。例えば、話題が変わったところや賛成意見から反対意見に変わったところには、接続詞があることが多いので、接続詞で止まって前後の関係を考えます。文章の流れが変わっていたら、その内容を簡単にメモしておきます。

私は、指示詞が多いと理解が難しくなるので、指示詞で止まります。指示詞が何を指しているか考えたり、指している内容を矢印で示したりします。

私は、段落ごとに自分が理解できているかどうか確認したいから、止まってその段落の横に内容を簡単にメモしておきます。そうすると、そのメモを見るだけで、大まかな内容がわかるし、忘れません。また、わからないところがあったら、しるしをつけておいて後で調べたり、誰かに聞いたりします。

● あなたはどのようなところで、止まってメモしていますか。なぜそこで止まってメモしていますか。

ストラテジーの練習

1. 次の文章を読みながら、ときどき止まって、しるしをつけたりメモしたりしなさい。

　　自然の力を利用した夏季の省エネ対策として「緑のカーテン」の取り組みが進んでいる。「緑のカーテン」とは、ゴーヤやアサガオ、ヘチマなどのつる性の植物を強い日差しがあたる窓に設置した支柱やネットなどにはわせ、それによって、カーテンのように窓を覆ったものである。

　　その効果は、まず、日差しをさえぎるので部屋の温度の上昇を抑えられること、また、植物から蒸発する水分で周囲の温度を下げることである。さらに、カーテンにした植物自体の花や果実を楽しむこともできる。このような効果に注目し、省エネ対策に一丸となって取り組んでいる地域では、街の中に森が作られたようになり、景観の向上にも役立っている。

　　しかし、問題点もある。植物に虫が集まることや、壁に作った場合に、壁が劣化することである。ただ、これらの点は、「緑のカーテン」の設置や管理の仕方に注意すればかなり防ぐことができる。

参考：エスペック みどりの学校「みどりのカーテンで地球温暖化防止」
https://www.espec.co.jp/ green_school/green_curtain.html（2017年3月1日閲覧）

2. どこで止まったり、メモしたりしましたか。また、なぜそこで止まったり、メモしたりしたか説明しなさい。

ストラテジーを使って読もう

読む前に

1. 「持続可能性」とは何だと思いますか。

2. 持続可能な社会とはどのような社会だと思いますか。

読んでみようⅠ

1. 次の文章を読みながら、ときどき止まって、しるしをつけたりメモしたりしなさい。

「環境から見た持続可能性」

密閉された容器

　密閉された容器に土と小さな動物（ミミズ）と植物を入れ、太陽光があたるようにしておくと（図1-2-a）、ミミズは密閉容器の中でも生き続ける。植物は光合成により二酸化炭素を吸収して酸素を作り、ミミズは酸素を吸って二酸化炭素を出す。ミミズは枯れ葉や土の中の栄養分を食べ、その糞は植物の栄養となる。蒸発した水分は夜には冷えて露となり、土に戻る。容器という閉ざされた系の中で、水も空気も栄養分（物質）も循環し、絶妙なバランスを保っているのである。これが「持続可能」な状態である。自然状態の生態系はこのようなバランスを維持している。

　しかし、この密閉容器に、ミミズではなく、蓄えられている資源を消費し、分解能力を超えて不要物を排出するような動物（ネズミ）を入れたら（図1-2-b）どうなるだろうか？　資源を消費しつくし、不要物が分解できず、やがてはネズミ自身も死ぬだろう。これは「持続可能ではない」。

　この密閉容器は宇宙に浮かぶ地球の姿である。ミミズやネズミは人間の経済活動、すなわち生産と消費に相当する。生産と消費には資源の利用と不要物の排出が伴う。

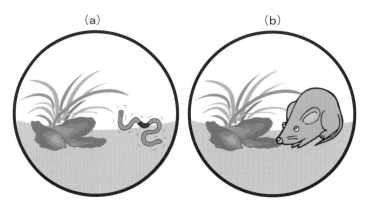

図1-2　密閉された容器の生態系バランス

出典：藤倉まなみ(2012).「環境論の視点から」西井麻・藤倉まなみ・大江ひろ子・西井寿里(編),『持続可能な開発のための教育（ESD）の理論と実践』pp.104-105.ミネルヴァ書房.

2. どこで止まったり、メモしたりしましたか。また、なぜそこで止まったり、メモしたりしたか説明しなさい。

読んでみようⅡ

1. 次の文章を読みながら、ときどき止まって、しるしをつけたりメモしたりしなさい。

水資源

　水についても考えよう。水は人間だけでなく全ての生物の命の源である。地球は「水の惑星」であるが、人間が利用できる湖沼や河川の水は地球の水全体の0.009％にすぎない。水は海洋から蒸発して雲となり、雨となって地上に降り注ぐ。水は循環しており、再生可能な資源であるが、無限ではない。

　水は貧困や公衆衛生、男女間の平等にも深く関連している。人間に必要な飲料水は1日2.5リットルだが、手や体を洗わなければ伝染病で命を落とすため、1人1日当たり最低50リットルの安全な水が必要である。しかし、世界では、9億人が1日20リットルの水のために30分以上歩かなければならず、25億人がトイレなどの衛生施設を利用できない（データは2006年）。安全な水とトイレなどがない非衛生な環境が原因となり、毎年、下痢で180万人が死亡しており、そのうちの90％が5歳未満の子どもである。また、サハラ砂漠以南のアフリカでは何百万人もの女性や子どもが水汲みのために多くの時間を費やし、女性は労働時間を、子どもは教育を受ける機会を奪われている。

　このような状況を改善するため、2000年に合意された国連ミレニアム開発目標（MDGs）では、「目標7　環境の持続可能性の確保」の一つとして、「安全な飲料水及び衛生施設を継続的に利用できない人々の割合を半減する」ことが目標となっている。

　しかし、人口が増加し、食糧などの増産などのための水需要が増す一方で、気候変動により水資源は質・量ともに状況が悪化すると予想されており、世界の1人当たりの再生可能な水資源は減少すると予測されている。水の持続可能な利用を考えなければならない。

出典：藤倉まなみ(2012).「環境論の視点から」西井麻・藤倉まなみ・大江ひろ子・西井寿里(編)、『持続可能な開発のための教育(ESD)の理論と実践』pp.108-109. ミネルヴァ書房.

2. どこで止まったり、メモしたりしましたか。また、なぜそこで止まったり、メモしたりしたか説明しなさい。

内容理解チェック

1. 「密閉された容器」の6行目にある「これ」と11行目にある「これ」が何をさしているか考え、下の表を完成させなさい。

ミミズが入った容器	6行目の「これ」 a)	⇒「持続可能な」状態
ネズミが入った容器	11行目の「これ」 b)	⇒「持続可能ではない」状態

2. 「密閉された容器」の12行目にある「密閉容器」は何のたとえか書きなさい。

3. 「水資源」の9行目に「原因」とあるが、これは具体的にはどのようなことか書きなさい。またその「原因」からどのような「結果」が生じたのかも書きなさい。

   a) 原因：

   b) 結果：

振り返り

1. あなたはどこで止まってメモしましたか。また、なぜそこで止まったり、メモしたりしましたか。
2. 「ときどき止まってメモする」というストラテジーを使って読んでみて、どのようなことに気づきましたか。(この課の練習で自分ができたこと／できなかったこと、このストラテジーを利用する利点、このストラテジーはどのような文章で使いやすいか、どのようなときに使えそうかなど)

6. 図や表を利用する

● さくら先生に質問

情報がたくさんあって内容が複雑だと、理解しにくいんです。

情報がたくさんあって理解しにくいときは、図や表を利用するといいでしょう。文章に図や表がある場合、文章と図表を対応させながら読むと、内容が理解しやすくなります。文章に図や表がない場合は、文章の内容を頭の中で思い描いたり、自分で図や表をかいて読み取ったことを整理したりすると、複雑な内容も理解しやすくなります。

● どのように図や表を利用すればいいでしょうか。

私は図や表があったら、文章の内容と照らし合わせて、図の中のことばと文章中の同じことばにしるしをつけたり、図の中に文章中のことばを書き入れたりします。

文章に歴史的な事柄や出来事の経過が書かれているときは、出来事が起こった順に表にしてみます。

文章に分類や関係性が説明されているときは、キーワードを書いて線や矢印などを使って関係を図にしてみます。

● あなたはどのように図や表を利用していますか。

ストラテジーの練習 I

1. 次の文章の①〜⑤の下線部は、図のどの部分を示しているか考えながら読みなさい。

　　図1は、地球温暖化の模式図である。①太陽から地球が受け取る全ての輻射エネルギー（100）と、②地球が反射と赤外線の輻射とによって宇宙空間に放出しているエネルギー（31+57+12=100）は、温室効果の大小にかかわらず常に等しい。温室効果ガスが増えても、地球が大気圏から外に輻射するエネルギー量は変化しない。変化するのは、大気と地表面との間でやりとりされるエネルギー量である。

　　一方、地表面が受け取るエネルギーは③太陽から直接届いて地表が吸収するエネルギー（49）のほかに④温室効果ガスが放出する赤外線のエネルギー（95）がある。この合計は144であり、⑤太陽からの輻射エネルギー（100）より44大きい。これが温室効果である。

出典：藤倉良・藤倉まなみ(2008).『文系のための環境科学入門』pp.181-182.有斐閣.

(1) 図に下線の番号を書き入れなさい。

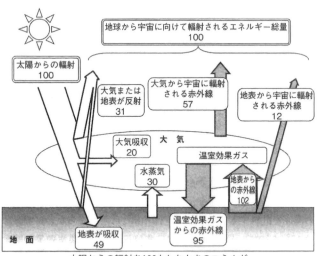

太陽からの輻射を100としたときのエネルギー
図1：温室効果のしくみ

出典：藤倉良・藤倉まなみ(2008).『文系のための環境科学入門』p.181.有斐閣.

2. あなたはどのように図を利用して読みましたか。

ストラテジーの練習 Ⅱ

1. 図で表すことを考えながら、次の文章を読みなさい。

　　廃棄物は、まず放射性廃棄物とそれ以外の廃棄物とに分けられる。それ以外の廃棄物は、廃棄物処理法の対象となる。廃棄物処理法は廃棄物を事業活動に伴って排出される事業系廃棄物と日常生活から排出される生活系廃棄物とに区別する。

　　　　　　　　出典:藤倉良・藤倉まなみ(2008).『文系のための環境科学入門』pp.108-109.有斐閣.

(1) 読んだ内容を図で表しなさい。

2. あなたはどのように考えて、この図をかきましたか。

ストラテジーの練習 III

1. 有償の取引と逆有償の取引の違いを図で表すことを考えながら、次の文章を読みなさい。

> あるものが廃棄物か否かを分ける境目は、有償で売却できるか否かということになる。たとえば、Aさんが中古パソコンをBさんに1万円で売ったとする。有償で取引されたパソコンには1万円の価値がある有価物ということになり、廃棄物とはみなされない。しかし、Aさんが中古パソコンをBさんに1万円を払って引き取ってもらったとしたら、この取引は、有償ではなく逆有償になる。もはや、パソコンにはマイナスの価値しかない。その場合には、パソコンは見た目がどれほどきれいであっても廃棄物とみなされる。
>
> 出典:藤倉良・藤倉まなみ(2008).『文系のための環境科学入門』pp.106-107.有斐閣.

(1) 有償の取引と逆有償の取引の違いを図で表しなさい。

2. あなたはどのように考えて、(1)の図をかきましたか。

ストラテジーの練習 Ⅳ

1. 内容を表にまとめることを考えながら、次の文章を読みなさい。

　　東インド会社は、17 世紀初めに東インド（東洋）との貿易独占権を与えられた西欧各国の特許会社である。
　　オランダは、スペインやポルトガルより約 1 世紀遅く、16 世紀終わりに東洋進出を始め、1602 年にオランダ東インド会社を設立した。これが世界で最初の株式会社である。イギリスはそれより早い 1600 年に東インド会社の活動を開始したが、株式会社の形態になったのは 1657 年以降だった。
　　オランダ東インド会社は、後を追って東インド進出をしたイギリスやフランスとの戦いや植民地の反乱によってやがて衰退し、1798 年に解散した。イギリス東インド会社は、それと交代するように勢力を伸ばしたが、徐々に衰退し 1874 年に解散した。

　　　　　参考：日本船主協会「海運雑学ゼミナール」
　　　　　　　　https://www.jsanet.or.jp/seminar/text/seminar_299.html（2017年8月25日閲覧）

(1) 読んだ内容を表にまとめなさい。

2. あなたはどのように考えて、(1) の表をかきましたか。

ストラテジーを使って読もう I

読む前に

環境問題の原因となるものにはどのようなものがあると思いますか。

読んでみよう

1. p.55 の (1) 〜 (3) の指示にしたがって、図と文章の内容を照らし合わせながら次の文章を読みなさい。

「環境問題とはどのようなものか」

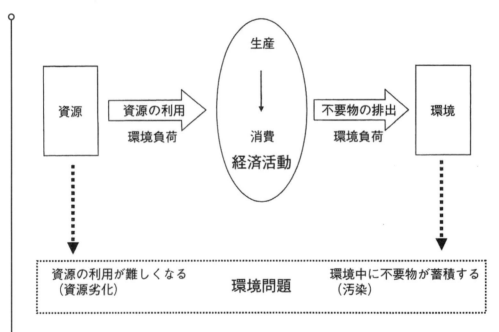

図0-1:経済活動と環境問題

Ⅰ 環境問題の原因となる経済活動は生産と消費から成り立っていて、これらには、資源の利用や不要物の発生が伴う。

Ⅱ 自動車を生産するためには、工場を動かすエネルギーが必要であるし、金属や石油などの資源が原材料として利用される。工場からは産業廃棄物という不要物が

発生する。

Ⅲ　自動車の消費とは、自動車を購入して運転することである。運転には石油という資源が不可欠である。同時に自動車排ガスという不要物が発生する。さらに、運転しなくなれば、自動車そのものが不要物となる。

Ⅳ　経済活動に伴って資源が枯渇し、継続的な利用が困難になることを資源劣化と言い、廃棄された不要物が自然の浄化能力を超えて環境中に蓄積することを汚染と言おう。これらが環境問題の2つの側面である（図 0-1）。

Ⅴ　資源の利用や不要物の排出を環境負荷と言う。天然資源の採掘や排ガスの発生は環境負荷である。

Ⅵ　環境問題には資源劣化と汚染の2つの側面を同時に有するものが少なくない。水源が汚染されれば、水資源としての価値が劣化する。地球温暖化問題は二酸化炭素による大気の汚染という側面があるが、その対策は化石燃料に代わるエネルギーをどう確保していくかという資源問題と不可分である。

出典：藤倉良・藤倉まなみ(2008).『文系のための環境科学入門』pp.5-6. 有斐閣.(一部改)

(1) 各段落の内容は、図のどの部分ですか。図に段落番号を書きなさい。

(2) 第Ⅱ段落の「エネルギー」「金属や石油」「産業廃棄物」を図に書き入れなさい。

(3) 第Ⅲ段落の「石油」「自動車排ガス」を図に書き入れなさい。

2．あなたはどのように図を利用して読みましたか。

| 6．図や表を利用する | 055

内容理解チェック

1. 「環境問題の原因となる経済活動は、生産と消費から成り立っていて、これらには、資源の利用や不要物の発生が伴う」（1～2行目）と書かれています。

   (1) 生産の例として、何があげられていますか。また、利用される資源と発生する不要物は何ですか。
   　　　a) 生産の例：
   　　　b) 利用される資源：
   　　　c) 発生する不要物：

   (2) 消費の例として、何があげられていますか。また、必要な資源と発生する不要物は何ですか。
   　　　a) 消費の例：
   　　　b) 必要な資源：
   　　　c) 発生する不要物：

2. 「環境問題には資源劣化と汚染の2つの側面を同時に有するものが少なくない」（14行目）と書かれています。

   (1) 「2つの側面」とは何と何ですか。

   (2) (1)の「2つの側面」を同時に有するものとしてどのような例があげられていますか。

ストラテジーを使って読もうⅡ

読む前に

現在、国際的にビジネス活動を行っている企業をあげてみましょう。

読んでみよう

1. 図や表で表すことを考えながら、次の文章を読みなさい。

「国際ビジネスの展開」

　第二次世界大戦後になると、それまで国際ビジネスの主流であった貿易に代えて、現地生産を目的にして海外直接投資（foreign direct investment）を行う企業が多く出現するようになった。このため、海外直接投資が世界の多くの企業の国際ビジネス活動の中心をなすようになった。

　まず米国企業は、1950年代後半から海外直接投資を本格化させた。戦後米国は世界経済で絶大なる地位を確立するが、多くの米国企業はこの経済力を背景に海外直接投資を活発化させた。鉱業や石油など資源開発関連の企業だけではなく、自動車、電気などの製造業に属する企業も、また地域的にも近隣のカナダや中南米にとどまらず、欧州やアジアにも目を向け、相当な直接投資を行うようになった。この米国企業の海外直接投資は、60年代になると、いっそう活発になり、多くの企業が多国籍化し世界的なネットワークを拡張していった。IBM、コカ・コーラ、ダウケミカル、P&G、GM、GEといった米国を代表する多くの企業が多国籍企業に成長・発展し、世界市場を席巻し始めたのである。

　ところが、1970年代に入り、米国の経済力が相対的に低下すると、米国企業の海外直接投資も頭打ちになり、次第に減少するようになった。海外から撤退する企業もみられるようになった。この米国企業の退潮とは対照的に、70年代半ばになると、欧州企業や日本企業の海外直接投資が目立つようになった。

　欧州企業の海外直接投資は、歴史的には米国企業よりも早かったが、60年代後半からECの経済統合の動きへの対応や米国企業の欧州進出に対抗する形で次第に活発

化させた。そして 70 年代になると、ICI、フィアット、フォルクスワーゲン、シーメンス、ネッスル（現ネスレ）、ユニリーバといった企業が多国籍企業として世界市場に登場した。しかし 70 年代半ばには、欧州企業よりも日本企業の海外直接投資が顕著であった。

　日本企業の海外直接投資は、1960 年代半ばから日本経済の高度成長にともなって、少しずつ増加していったが、70 年代になると国内外の環境変化の影響を受けて急増するようになった。それは 70 年代後半から 80 年代半ばにかけて欧米諸国との貿易摩擦の激化や急速な円高の進行によってさらに増加した。多くの日本企業は戦略を輸出から海外生産へシフトさせ、アジア、北米、欧州へと相次いで進出するようになった。味の素、東レ、松下電器、東芝、日立、ソニー、ホンダ、日産など日本を代表する企業は、多国籍企業として世界市場の舞台に躍り出たのである。

　さらに 1980 年代になると、韓国、台湾、香港などのアジア新興工業国（NIEs）の企業も、海外直接投資を本格化させ、多国籍化の道を歩むようになった。これらアジア NIEs 企業は 80 年代半ばまでは地理的に近接するアジア地域に投資していたが、その後自国の驚異的な経済成長にプッシュされる形で、北米や欧州へも進出するようになった。また、1990 年代後半から今世紀にかけて BRICs の経済成長が目覚ましく、そうした国々の企業も海外直接投資を行い始め、多国籍企業として世界市場に登場するようになった。

　このように、グローバル時代を迎えた今日、世界の非常に多くの企業が海外直接投資を行い、多国籍企業として国際ビジネス活動を展開するようになっている。世界の多くの企業が世界の多くの地域や国で製品を現地生産し、それを世界中の顧客に販売するというビジネス活動を展開するようになったのである。

出典：江夏健一・桑名義晴 編著(2012).『理論とケースで学ぶ国際ビジネス（三訂版）』pp.4-6. 同文館出版.

(1) 読んだ内容を図や表にまとめなさい。

2. あなたはどのように考えて、(1)の図や表をかきましたか。

内容理解チェック

1. 海外直接投資が早かった順に、国名または地域名を書きなさい。

2. 欧州企業の海外直接投資が活発化したのはなぜですか。

3. 日本企業が戦略を輸出から海外生産にシフトさせたのはなぜですか。

振り返り

1. あなたはどのように図や表を利用しましたか。
2. 「図や表を利用する」というストラテジーを使って読んでみて、どのようなことに気づきましたか。(この課の練習で自分ができたこと／できなかったこと、このストラテジーを利用する利点、このストラテジーはどのような文章で使いやすいか、どのようなときに使えそうかなど)

周りの情報から
ことばの意味を推測する

7.

● さくら先生に質問

読んでいてわからないことばが多いと、辞書で調べたり、友だちに聞いたりして時間がかかるし、読むのが嫌になってしまうんです。

わからないことばが出てきたときは、辞書で調べるのもいい方法ですね。でも、1つ1つ辞書を引いていると大変だし、辞書を引くだけではわからないこともあるので、わからないことばの前後で使われていることばや内容から推測する習慣をつけましょう。そうすれば、時間もかからず全体の意味も把握しやすくなります。

● 次の文章の「就職氷河期」と「非正規労働者」の意味がわからないとき、どのように推測すればいいでしょうか。

> 就職氷河期に就職できなかった若い人が、フリーターや派遣社員など非正規労働者となっている。就職氷河期の要因の1つは大学生の増加にある。大学生が増えることで内定倍率が上がってしまうのである。

「就職氷河期」の後に書かれている文を読むと、「就職氷河期に就職できなかった若い人」「大学生が増えることで内定倍率が上がる」となっているから、「就職が困難な状況が続く時期」のことだろうと推測します。

「非正規労働者」の前に、フリーターや派遣社員などと書いてあるし、非正規というのは、正規ではないという意味なので、「正社員ではない人」ということだろうと推測します。

● あなたは知らないことばをどのように推測していますか。

ストラテジーの練習 I

「パワハラ」の意味を推測しながら次の文章を読みなさい。また、どのように推測したのかを説明しなさい。

　　近年、パワハラに対する認識が高まってきた。パワハラというと、言い返せないことをいいことに、上司が部下を必要以上に叱責したり、適正な範囲を超えた仕事量を押し付けたりすることを思い浮かべるかもしれない。しかし、本来の業務内容から考えると程度の低い仕事を命じられたり、プライベートなことを他の社員の前で執拗に言われたりすることも含まれる。それが原因で精神を病み、休職したり退職したりする人もいるという。　　5

参考：厚生労働省「あかるい職場応援団」https://www.no-pawahara.mhlw.go.jp（2017年2月12日閲覧）

ストラテジーの練習 II

「歯止めがかからない」の意味を推測しながら次の文章を読みなさい。また、どのように推測したのかを説明しなさい。

　　地方の町から都会に出て行ってしまい、そこで結婚して、そのまま地方の町に戻らない若者が多い。そのため、多くの地方の町で人口減少に歯止めがかからない。人口減少が進むと町の産業が衰退する上に税収も減るため、自治体は若者に戻ってきてもらえるようなさまざまな取り組みを行っている。しかし、それでも都会から若者を呼び戻すのは難しく、町に活力がなくなってしまうという問題が出ている。　　5

ストラテジーを使って読もう

読む前に

健康を維持するために心がけていることはありますか。

読んでみよう

1. ①②の意味を推測しながら次の文章を読みなさい。

「健康リスクへのアプローチ」

　例）健康に対するリスク要因（risk factor）を解明することは、疾病・障害の予防と密接に関連している。何が健康を脅かしているかが明らかになれば、それに対処する方法を見いだす可能性につながる。

　予防には、周知のように、1次予防、2次予防、3次予防という分類がある。1次予防は、健康な生活習慣の形成など、疾病や障害の発生を未然に防ぐ予防をいう。2次予防は、疾病の健診から治療、再発防止に至る各段階での対応である。早期発見・早期治療、再発や悪化の防止など、時期と方法がともに最適な①治療的介入を行うことによって、疾病を発見し治療し再発や進行を防止することである。3次予防は、リハビリテーションや職能訓練などにより社会復帰を促進し、社会生活や職業生活の困難の発生を防ぎ軽減する予防である（富永・大野, 1989）。

　健康に対するリスク要因は、疾病や障害の1次予防の観点からとらえられることが多い。しかし、患者が治療に非協力的であるとか、治療者の治療法が不適切であるということは、2次予防におけるリスク要因と言えよう。また、リハビリテーションや職能訓練を拒否することは3次予防におけるリスク行動にもなる。さらに、治療し症状が軽快しても、リスク行動が修正されないために再発するということもありうる。このように考えると、健康心理学におけるリスクは、1次予防、2次予防、3次予防の各段階において、健康維持行動という観点を含めて考える必要があると言えよう。

　リスク要因を発見し、因果関係に関するエビデンス（証拠・根拠）を確立し、さらに対応を行うにあたっては、正しい方法によって②リスク要因の同定の研究が行わ

れねばならない。リスクとなる要因をどのようにとらえるのかということと、そのリスク要因が真に疾病や障害などの健康上の問題の原因であるかという、因果関係の検証は特に重要である。ある疾病に対するリスク要因を見過ごしてしまったり、原因が見せかけの、あるいは偽の因果関係に基づくものであり、本来はまったく影響がなく、別な要因がその疾病の原因であった、などということがあれば、きわめて深刻な問題となることは言うまでもない。健診や健康指導などの健康政策を行う際には、リスクと疾病との因果関係が確立していることが不可欠であろう。また、一般に流布されている健康法やサプリメントにおいては、その健康に対する明確な効果が、エビデンスに基づいて確立されている必要がある。実証的な効果の確認が不十分であったり誤っていたということは、それだけで大きな問題であろうが、さらに健康に対して害があるような場合には、きわめて重大な責任を負わねばならない。すなわち、健康リスク要因の同定は、日常の経験から得られた常識論からでは不十分であり、科学的に実証されたエビデンスに基づいてとらえられなければならないということである。(中略)

　健康心理学において健康リスク要因の同定をするためには、正しい方法論を用いることが不可欠であるが、さらに、リスク要因には、介入可能な要因と介入困難な要因とがあることも知っておく必要がある。たとえば、肺がんに対する喫煙というリスク要因は、禁煙や喫煙量を減らすなどというような何らかの介入の可能性がある。しかし、たとえば、アルツハイマー型認知症のリスク要因として年齢という要因が示されたとしても、これに介入することはできない。リスク要因として遺伝が同定された場合にも、同様に介入は困難である。健康リスク要因の同定を予防や健康の維持増進に役立てることを目指すのであれば、介入可能性のある要因を発見することもきわめて重要であると言えよう。

出典：長田久雄(2009).「健康リスクへのアプローチ」島井哲志・長田久雄・小玉正博(編),『健康心理学・入門：健康なこころ・身体・社会づくり』pp.20-25. 有斐閣.（一部改）

(1) 下の例のように、どのように推測したのかを説明しなさい。

推測したことば	どのように推測したか
【例】健康に対する リスク要因 (1行目)	【例】「健康に対するリスク要因を解明すること」は「疾病・障害の予防と密接に関連している。」と書いてある。そして、「何が健康を脅かしているかが明らかになれば、それに対処する方法を見いだす可能性につながる。」とある。2番目の文章は1番目の文章を言いかえていると考えると、「健康に対するリスク要因を解明する」と「何が健康を脅かしているかを明らかにする」は同じことを指していると考えられる。だから、「健康に対するリスク要因」は「健康を脅かしている要因」だろう。
①治療的介入 (7行目)	
②リスク要因の同定 (19行目)	

| 7．周りの情報からことばの意味を推測する | 065

(2) (1)のような方法で、そのほかに推測したことばと、どのように推測したのかを書きなさい。

推測したことば	どのように推測したか

内容理解チェック

1. 疾病・障害の予防の分類について内容を説明し、下の具体例a～cの中から適切なものを選びなさい。

	内容	具体例
1次予防		
2次予防		
3次予防		

具体例
a. 長い間入院していて足の筋肉が弱くなってしまったので、毎日運動する
b. 日ごろから塩分の取りすぎに注意して食事をとる
c. 健康診断でがんが見つかったので、すぐに手術をする

2. 「正しい方法によってリスク要因の同定の研究が行われねばならない」（19～20行目）のはなぜですか。本文の内容と合っているものに〇、合っていないものに×を書きなさい。
   (1) （　） リスク要因を見過ごしてしまうことがあるから
   (2) （　） 原因が見せかけであると影響がないから
   (3) （　） 別な要因がその疾病の原因であることがあるから
   (4) （　） 一般に流布されている健康法は必ず誤っているから

| 7．周りの情報からことばの意味を推測する | 067

3. 「リスク要因には介入可能な要因と介入困難な要因とがある」(34～35行目)とあるが、介入可能なリスク要因に○をつけなさい。

（　）過労　　　　（　）性別　　　　（　）運動不足
（　）人種　　　　（　）年齢　　　　（　）喫煙

振り返り

1. あなたはどのように周りの情報からことばの意味を推測しましたか。
2. 「周りの情報からことばの意味を推測する」というストラテジーを使って読んでみて、どのようなことに気づきましたか。(この課の練習で自分ができたこと／できなかったこと、このストラテジーを利用する利点、このストラテジーはどのような文章で使いやすいか、どのようなときに使えそうかなど)

8. 質問して確認する

● さくら先生に質問

自分が取ったメモを見直したり、自分で図をかいたり、いろいろな方法を試してみてもやっぱりわからないことがあるんです。

文章が理解できないとき、ほかの人に確認するのもいい方法です。「ここがわかりません」というだけでは、求めている答えが得られないことが多いので、わかっていることとわからないことを相手に示しながら具体的な質問をするといいです。質問を考えることで、何がわからないかがはっきりすることもありますよ。

● 次の文章でわからないところがあるとき、どのように質問して確認すればよいでしょうか。

> 就職活動では、エントリーシートを書くことが多い。エントリーシートには、自己PRや志望動機を書く欄が設けられている。この欄を、企業が求める人材を分析せずに書いてしまうと、自分のよさが伝えられないし、志望動機の内容が薄くなり、エントリーシートで落とされてしまう。たとえ運よく通過したとしても、面接でうまく話せず、次の面接に進めない。そして、別の企業を焦りながら探すことになってしまうのである。

私は、エントリーシートが何か知りたいです。履歴書と似ているような気がします。「エントリーシートは何ですか」と聞くと、自分がほしい答えが得られないこともあるので、「エントリーシートというのは履歴書と似ていると思うのですが、違うのはどういう点ですか」と具体的な質問をします。

私は、自分の理解が正しいかどうか確認したいので、例えば「志望動機の内容が薄くなり」というところは、「これは志望動機がわかるようなことを少ししか書いていないということだと思うのですが、合っていますか」と確認します。

私は、筆者の主張を確認したいので、「筆者が言いたいことは、エントリーシートには企業が求める人材を分析して書くことが重要だということですか」と確認します。

● あなたはどのように質問して確認していますか。

ストラテジーの練習

次の文章を読みなさい。(1)～(3)がわからないときや確認したいとき、どのように質問すれば求めている答えが得やすくなるかを考えて、質問しなさい。

　　健康に気を配ることは大切です。病気になっても、薬を飲みさえすれば治ると安易に考えてはいけません。いくら医療技術が進歩したとはいえ、良い薬をのみ、手術で病原を取り除いたとしても、免疫力がなければ、治療に限界が生じます。小さな病気だったのに、それが治らずに、深刻な状態になってしまうこともよくあります。風邪をこじらせて肺炎になり、亡くなるというようなことは珍しくないのです。病気の原因となるウイルスや細菌から身体を守って健康でいられるよう、バランスのとれた食事、適度な運動、ストレスをためない生活習慣などを心がける必要があります。免疫力を高めることで、病原菌から自分自身を守っていくことが大切なのです。

(1) 「気を配る」(1行目)の意味がわからないから質問したい。
　　【例】「気を配る」とは気にする、気をつけると同じ意味ですか。

(2) 「免疫力がなければ、治療に限界が生じます」(3行目)について、どのようなことか確認したい。

(3) 筆者の言いたいことは何か確認したい。

(4) (1)～(3)のほかにわからないところや確認したいところがあったら、どのように質問すれば求めている答えが得やすくなるかを考えて、質問しなさい。

ストラテジーを使って読もう

読む前に

「人と動物の関係」と聞いて、何を思い浮かべますか。

読んでみよう

1. わからないところや確認したいところに線を引きながら次の文章を読みなさい。

「人と動物の関係を地球規模で見てみる」

　私たちが暮らしている世界では、人と動物は別の存在である。私たち人こそが社会を営み、世界をつくる主人公であり、その周りにイヌやネコ、ふつうは目に見えない場所に食用に飼育されるウシやブタ、さらには、遠く離れた自然のなかにキリンやゾウ、ライオンなどの野生動物が棲息している。

　人と動物がこんなふうに配置されているのには、それなりの人類史的な理由がある。西洋から発信された合理と科学の考え方が、地球規模で広がったことは、そのような人と動物の配置を確実なものにした。

　西洋形而上学は、キリスト教の考え方に影響を受けながら、動物から人を切り離して、思考や感情や精神を有する存在としての人を対象として扱ってきた。その意味で、人と動物の間には明瞭な分割線が引かれてきた。動物は、西洋形而上学を土台として築き上げられた諸科学のなかだけでなく、西洋思考に影響を受けた私たちの暮らしや制度のなかででも、人とは別の存在として扱われてきたのである。

　他方で、人と動物の間に引かれていた分割線は、西洋思考の内側から、ゆっくりとではあるが、突き崩されてきた。動物たちは、適者生存のゲームを生きており、地球誕生以降、長い年月を経ておこなわれてきたそうした営みの果てに動物から人が生みだされたという学説が、19世紀半ばになって提唱されるようになった。生命科学や霊長類学など、人と動物を共通の平面で扱う現代科学の著しい進展によって、人と動物とは、少なくとも学問上では今日、それほどはっきりと分けられるものではないと考えられるようになってきている。

しかし、私たちのなかには、人と動物を切り分けて捉える考えが、深く沈みこむように染みついてしまっている。動物には精神も感情もないとする近現代に主流の考え方があるからこそ、いやそうじゃない、動物にも意識があって、痛みを感じるのだ、という対抗的な考え方が現れてくる。そもそも「人と動物」という言い方からして、無意識のうちに、人を動物から、また、動物から人を区切って、切り分けてしまっているように思われる。

「人と動物」の関係について考えるために、まずは「人と動物」という、ありふれた表現のなかに含まれる"と"に目を向けてみよう。私たちは、人と動物の間に"と"を挟んで、人"と"動物と言うことによって、知らず知らずのうちに、人と動物を切り分けている。あるいは、人"と"動物という表現では、人と動物が並列に捉えられていることになるのかもしれない。いずれにせよ、"と"を挟むことで、人と動物は異なる存在となる。

人と動物を切り分けて、異なる存在者とする言辞は、"と"だけではない。ためしに"と"の部分に"に"を入れてみよう。人に動物、動物に人と言ったとき、人と動物は並列に置かれている。あるいは、人には動物が、動物には人が割りあてられる状況が示される。"に"によって、人と動物は隔てられるのである。

さらに今度は、"の"を入れてみよう。人の動物とは、人の所有物としての動物であり、動物が人に従属しているさまが示されている。その場合、動物は人が自由に扱うことができる、あるいは管理する対象となる。逆に、動物の人という言い回しからは、動物のうちにある人格、人間性のようなものが読み取れるだろう。

さて、これまでは人と動物を分け隔てて、区分けする表現を見てきた。次に、人と動物の関係を想像してみる手がかりを得るために、さらに異なる表現を考えてみよう。

試しに、"と"に代えて"は"を入れてみよう。人は動物、動物は人という言い回しは、どういう事態だろうか。人は動物である。しかし、私たちは日頃、そうした事実を忘れている。人は動物ではないのかというと、そうではない。一般に生物学の教科書には、人もまた動物であるという事実が載っている。逆に、動物は人であるという言い回しはどうか。童話や民話では、動物は喋ったり泣いたり笑ったりして、人のように振る舞う。

"と"に代えて、"も"も挟んでみれば、"は"を用いたときとは意味内容が違ってくる。人も動物という表現では、人もまた、動物というカテゴリーに入ることが示さ

れる。一方で、動物も人という言い回しは、聞く者を戸惑わせるかもしれない。動物はふつう人ではないと考えられているからである。その言い方では、動物もまた、人というカテゴリーに入ることが示される。地球上には、北米先住民たちのように、伝統的に、動物も人であると捉えている人たちがいる。

次に、"から"を置いてみよう。人から動物、動物から人。人から動物へ、逆に、動物から人へ何かを与えたりするような動きが示される。人から（飼育）動物へは餌が、動物から人へは肉などがささげられるというふうに。"から"によって、贈与の方向が示される。さらに、そうした言い回しでは、"と"で区切られるような、人と動物の間に設けられている境界線を越えて、人から動物へ、逆に動物から人へ、領域を侵犯して越境する事態が示されるかもしれない。

このように、人と動物の"と"に代えて、そこにいくつかの語彙を挟んでみると、人と動物の多様な関係の相が見えてくる。それは、動物もまた人であるという事態であったり（行為主体性）、人と動物が分け隔てられるのではなく、混淆するさまであったり（分離不能性）、人と動物の間に分割線が仮構されたり（境界性）、そのような分割線を越えて、動物が人の領域へと越境侵入するさまであったりする（越境性）。人と動物の間には、多様な関係の様態がありうる。（中略）

人と動物を切り分け、分割線を引くことによって、両者の関係性が定められてきた点に、動物をめぐる今日の課題が潜んでいるという捉え方がなされることがしばしばある。動物は人の都合で愛玩化され、愛玩化した人の手でそうした幸福な人と動物の関係が一方的に断ち切られることがある。動物は食肉のためだけに育てられ、屠畜される。人とは違って、動物には精神や感情がないとして、動物は人によって管理・統制されるべき存在とされることが、そうした動物たちをめぐる今日的な問題の底流をなしているとされる。

日本では、とりわけ産業化の時代以降に、人のために命を落とした動物の霊を慰める信仰実践が盛んにおこなわれるようになったし、また今日、欧米に端を発して、動物の権利に光をあてる運動が広がってきている。そうした動きは、動物を人とは異なるたんなる物的な存在であるとすることに異を唱える試みであると見ることができるかもしれない。いま、人と動物の関係に引かれた線がぐらぐらと揺れている。いやそもそも人と動物との関係は、元来多様だったのではあるまいか。

出典：奥野克巳・近藤祉秋・山口未花子(2012).『人と動物の人類学』(シリーズ来たるべき人類学⑤)pp.vi-xvi.春風社.(一部改)

2. 線を引いたところから、質問したいところや確認したいところを3つ選んで、どのように質問すれば求めている答えが得やすくなるかを考えて、質問しなさい。

質問や確認したいところ	質問や確認
【例】 西洋形而上学は、キリスト教の考え方に影響を受けながら、動物から人を切り離して、思考や感情や精神を有する存在としての人を対象として扱ってきた。（8~9行目）	【例】 これは、つまり西洋形而上学では、動物は人とはまったく異なる存在で、思考や感情や精神を有しない存在だとされるということですか。

内容理解チェック

1. (1)〜(9)の「人と動物」の関係について、例のようにa〜iの中から適切なものを選びなさい。

a. 人もまた、動物というカテゴリーに入る
b. 一般に生物学の教科書には、人もまた動物であるという事実が載っているが、私たちは日ごろそのことを忘れている
c. 人の所有物としての動物であり、動物が人に従属している
d. 人と動物を切り分けている
　人と動物が並列にとらえられていることになるのかもしれない
　人と動物は異なる存在
e. 何かを与えたりするような動き
　人と動物の間に設けられている境界線を越えて、人から動物へ、逆に動物から人へ、領域を侵犯して越境する事態が示されるかもしれない
f. 人と動物は並列に置かれている
　人には動物が、動物には人が割りあてられる状況
　人と動物は隔てられる
g. 動物はふつう人ではないと考えられている
　地球上には、北米先住民たちのように、伝統的に、動物も人であると捉えている人たちがいる。
h. 童話や民話では、動物は喋ったり、泣いたり笑ったりして、人のように振る舞う
i. 動物のうちにある人格、人間性のようなものが読み取れる

「人と動物」の関係	説明
(1) 人と動物	【例】d
(2) 人に動物　動物に人	
(3) 人の動物	
(4) 動物の人	
(5) 人は動物	
(6) 動物は人	
(7) 人も動物	
(8) 動物も人	
(9) 人から動物　動物から人	

2. 本文の内容と合っているものに〇、合っていないものに×を書きなさい。
    (1) (　) 従来の西洋の考え方では、人と動物は共存してきた。
    (2) (　) 現代の科学では、人と動物をまったく別のものとする考え方ではなくなってきた。
    (3) (　) 動物も痛みを感じるという考え方は、現代ではしない。
    (4) (　) 「人と動物」という表現は、人と動物の間には境界線があるということを示している。

3. 「人とは違って、動物には精神や感情がないとして、動物は人によって管理・統制されるべき存在とされる」(70行目〜71行目)とありますが、これはどのような学問の考え方ですか。本文から探して、＿＿＿に適切なことばを書きなさい。

　　　　＿＿＿＿＿＿＿＿＿＿学

4. 筆者が最も言いたいことは何ですか。a〜dの中から最も適切なものを選びなさい。
    a. 人と動物は別の存在である。
    b. 動物は人によって管理・統制されるべき存在である。
    c. 動物の権利に光をあてる運動がもっと広がるべきである。
    d. 人と動物との関係は、元来多様だった。

振り返り

1. あなたはどのような質問をして確認しましたか。
2. 「質問して確認する」というストラテジーを使って読んでみて、どのようなことに気づきましたか。(この課の練習で自分ができたこと／できなかったこと、このストラテジーを利用する利点、このストラテジーはどのような文章で使いやすいか、どのようなときに使えそうかなど)

読んだ後で

最後に、読み終わった後で意識して使うストラテジーを紹介します。
読み終わった後で、どのぐらい理解できたか、目標が達成できたかどうか、自分で振り返ります。また、ストラテジーを効果的に使えたかどうか自己評価します。

9. 読んだ後、理解度を自己評価する
10. ストラテジーの選び方・使い方を自己評価する

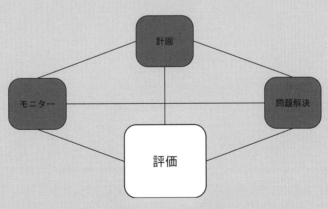

参考：Chamot et al. (1999).

読んだ後、理解度を自己評価する

9.

● さくら先生に質問

文章を読んだ後、自分では理解できたつもりだったのに、ほかの人に内容を聞かれると、うまく答えられないことが多いんです。

それはきちんと理解ができていないということです。自分が理解できたかどうかをしっかり確認するためには、自分が立てた目標が達成できたかどうかを確認したり、理解度を自己評価したりするといいでしょう。自分の読んだ内容について振り返り、何が理解できて何が理解できなかったのかなどを自分で評価します。自己評価がきちんとできれば、「理解できたつもり」がなくなり、何が問題なのか、次にどのように読めばよいのかを考えられるようになります。

● 読んだ後、どのように理解度を自己評価すればいいでしょうか。

読む前に設定した目標が達成できたかどうか確認します。例えば、筆者の意見を読み取るという目標を設定した場合は、筆者の意見が何か書いて確認します。

読んだ内容について自分で要約します。読んだ内容のポイントをあげて短くまとめて書いたり、図や表にしたりします。まとめたことを友だちに説明することもあります。

自分で質問を考えます。例えば「○○とはつまりどのようなことか」という質問を作り、その答えがわからなければ読んだ内容を理解できていないと考えます。

読み終わった後に、どのくらい読めたかを100％中何％かで考えます。例えば、70％だった場合、残りの30％は何かを明らかにします。そして、2段落目がよくわからない、具体例はわかったがそこで筆者が言いたいことがはっきりわからなかった、など説明できるようにします。

● あなたは文章を読んだ後、どのように理解度を自己評価していますか。

ストラテジーの練習 I

1. あなたは次の文章を読む前に、以下の2つを目標としました。
   「それぞれのエネルギーのメリットとデメリットを知る」
   「筆者が最も重要だと思っていることと、その理由を読み取る」
   目標を意識して次の文章を読みなさい。

　従来の水力や風力に加え、個人住宅などでも増えてきた太陽光発電や、太陽熱や地熱、バイオマス、そして雪や氷、それから波などの自然のエネルギーを使って、再生可能でかつ二酸化炭素を排出しないクリーン・エネルギーの開発が進んでいます。
　植物を燃料とするバイオマス・エネルギーは、確かに二酸化炭素を排出しますが、同時にそれを吸収するため、二酸化炭素は相殺されるというメリットがありますが、大出力のエネルギーを取り出しにくいというのが目下の課題です。太陽エネルギーの開発も日進月歩で進んでいますが、そのエネルギーを取り出すために太陽光発電パネルを利用した場合、現状では非常に広い面積が必要となります。ある試算によれば、現在、日本で使用されているエネルギー量をすべて太陽光のみで賄おうとすると、東京都と神奈川県と千葉県を合わせたほどの面積が必要となるそうです。太陽エネルギーは、また天候にも左右されるので蓄電方法も課題です。目下、そうした開発も急ピッチに進んでいますから、太陽エネルギーの活用やその蓄電は将来的には十分可能になるものと思います。しかし、より容易に大量のエネルギーを確保できるという点で、いまなお、原子力発電が必要だという主張もあります。日本の経済や景気の落ち込みを懸念する、とくに経済産業界や政府関係者の一部が、東日本大震災による福島原発事故で深刻な自然破壊や汚染を経験した後ですら、その安全性と必要性を主張し、原子炉を再稼働させる方針を探る背景には、再生可能エネルギーについては、そのどれ一つをとっても一度に大量のエネルギー生産が図れないという難しさがあるからでしょう。しかし、そうであるからこそ、その現状をわれわれ一人一人が認識し、自らできる個人レベルや組織・地域ごとでの節電や、小さな再生可能なクリーン・エネルギー発電などに関心をもつことこそが大変重要であると考えています。

出典：鷹木恵子(2013).「オアシスの伝統的生活から学ぶ未来」石山俊・縄田浩志(編),『ポスト石油時代の人づくり・モノづくり―日本と産油国の未来像を求めて』pp.110-111. 地球研叢書.（一部改）

(1)「それぞれのエネルギーのメリットとデメリット」は何ですか。

エネルギー	メリット	デメリット
バイオマス・エネルギー	a)	b)
太陽エネルギー	c)	d)
原子力エネルギー	e)	f)

(2) 筆者が最も重要だと思っていることは何ですか。なぜそれが重要だと思っていますか。

　　　最も重要だと思っていること：

　　　理由：

2. 目標が達成できたかどうかを自己評価しなさい。なぜそのように評価したのか理由を書きなさい。

3. 目標が達成できなかった場合、どのようにすれば達成できるようになるか考えなさい。

ストラテジーの練習 II

1. 次の文章を読み、ポイントをまとめ、クラスメートに説明しなさい。

花粉症とその対策

　花粉症は今や、日本の国民病とも言える。主に、スギ、ヒノキなどの花粉が飛び始める時期になると、くしゃみ、鼻水、鼻づまり、目のかゆみなどの症状が起き、集中力が低下する人や、症状の重い人になると、起き上がることも大変になるという。花粉症の人は年々増加傾向にあり、10年前の2倍近い人が花粉症になっているというデータもある。

　40年ほど前から国が杉の植林を始め、それが育ってきたことでスギ花粉が多く飛散し、それにより花粉症の人が増えた。エアコンの使用や車の排出ガスによる大気汚染や、ハウスダストなどが花粉症の症状を悪化させることもある。

　花粉症の症状を抑える方法は多数ある。テレビなどでは、天気予報で花粉の飛散状況を伝えているので、飛びやすい日や時間帯を確認し、外出を控える。花粉が体内に入らないようにマスクやメガネ、帽子を使用するなども効果がある。さらに、帰宅時には玄関先で花粉をはたいてから家に入るなども効果があるとされている。また点鼻薬や目薬なども販売されているのでそれを利用するのもひとつの方法であろう。症状の重い人や、仕事の関係から花粉の症状をどうしても抑えなければならない人には、医師による症状緩和の飲み薬の処方、さらには耳鼻科などで鼻の粘膜を焼く、スギの花粉を飲み続けるなどの方法も紹介されている。

　花粉症は、多くの人がかかり、対策も数多く考えられている国民病でありながら、これを完治させる薬や治療法はまだ確立されていない。現段階では、できるだけ花粉が体内に入らないようにしたり、薬を飲んだりすることで、症状を緩和するしかないのである。

参考：花粉症・アレルギー性鼻炎情報サイト「花粉症の基礎知識」
http://www.kafun-now.com/knowledge/01.xhtml（2017年3月15日閲覧）

(1) 理解度を自己評価するために、ポイントをまとめなさい。

・花粉症になる人：年々増加

・花粉症の症状：

・原因：

・症状を抑える方法：

・完治させる薬や治療法：

(2) 理解度を自己評価するために、文章の内容をクラスメートに説明します。(1) でまとめたポイントを参考に話しなさい。

2. 自分の理解度が100％中何％かを考え、自己評価しなさい。なぜそのように評価したのか理由を書きなさい。

3. 2の「理解度」がどのようにすれば上がるか考えなさい。

ストラテジーの練習III

1. 内容が理解できたかどうか確認できるような質問を考えながら、次の文章を読みなさい。

グローバル化時代で大切なのは論述力

結論だけ述べてもダメ

　本書で何度も述べてきたように、現代は、人や情報が国境を越えて活発に行き来する時代であり、経済、環境、領土などの解決すべき諸問題が大きく浮上している。このような時代には、独自の法律や風習をもつ各国が、自らの立場を他が納得できるように筋道を立てて説明する力、すなわち論述力が重要になってくる。それはたとえば「『比の概念』を用いた説明」のような論述力となる。

　国境を越えて食糧問題を議論するとしよう。このとき、各国の食糧生産量だけを用いて議論しようとしても無理がある。それは、それぞれの国で人口や食料品の種類が大きく異なっているからだ。そこで、食糧自給率という「比の概念」を用いて食糧問題を議論することが必要になってくる。

　もちろん、論述力が重要なのは、ここで述べたような国境を越えた議論だけの話ではない。たとえば、現代社会は情報化が進み、一昔前の時代とは比べものにならないほど変化のスピードが速くなっている。人の交流も活発だ。こんな時代には「これは命令だ。オレの言う通りにやれ！」といったような、感情優先の指示や態度はもはや通用しない。それに代わって求められるのは、自分の考えや態度を他者にきちんと説明できる能力である。たとえばビジネスの場面で相手が納得しやすいのは、次のような説明だろう。

　まず、複数の仕事に優先順位をつけるために考慮すべきことは、「緊急性」と「重要性」である。そこで図8のように、それら二つの要素を座標平面の軸にとって優先順位を考えてみる。緊急性と重要性があるIがトップに来て、ついでII、III、IVの順になる。この順番で仕事を行うなら広く理

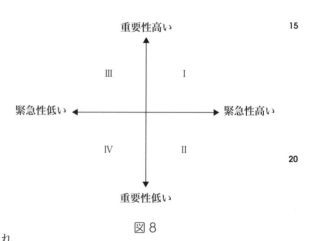

図8

解を得られるだろう。

　同時に、プロセスや理由を説明する姿勢も重要だ。そのためには図形の証明問題のようなものの学習、あるいは常日頃から5W（When, Where, Who, What, Why）+1H（How）を自問するような生活態度などがプラスになるだろう。

　図形の証明問題が良い理由は、「仮定」にある条件を使って「結論」を導くという推論の形がはっきりしていること、および「仮定」が異なれば「結論」が異なることは不思議でも何でもないこと、そのようなことを学ぶことができる点にある。また、5W+1Hを自問する生活態度は、「なぜ」「なぜなら」を自問することになるので、論理的に考えることの基礎をはぐくむことになる。

出典：芳沢光雄(2013).『論理的に考え、書く力』pp.155-157.光文社新書.

(1) 文章の内容が理解できたかどうかを自分で確認できるような質問を3つ以上書いてそれに答えなさい。

【例】グローバル化時代にはどのような論述力が大切か。
　→　独自の法律や風習をもつ各国が、自らの立場についてほかの国の人が納得できるように筋道を立てて説明する力が大切である。

2. 1(1) の質問に答えられたかどうかを考えて、文章の内容が理解できたかどうか自己評価しなさい。

3. 答えられなかった質問があった場合、なぜできなかったのか、どのようにすれば理解できるようになるか考えなさい。

ストラテジーを使って読もう

読む前に

話すときの日本語と書くときの日本語の違いは何だと思いますか。

読んでみよう

1. 目標を立てて次の文章を読み、目標が達成できたかどうか、また、内容が理解できたかどうか自己評価しなさい。

「書くのも人間、読むのも人間」

話すように書いてはいけない

　現代の日本語は「言文一致」が基本である。簡単に言えば、書くときも話すときも、同じことば遣いでよいということだ。その意味では文章から日常会話のような表現をすべて排除せよとはいえないし、話すように書いてもよいわけだ。しかし、日常会話のような表現や感覚をそのまま文章にもちこむことには、あまりにも問題が多い。

　ただし、いきなりテキトーでアバウトな、個々の日常会話のような表現やことば遣いを糾弾するのではなく、文章と日常会話のコミュニケーション方法としての違いから、この問題を考えてゆくことが大切である。会話、それもとくに日常会話と文章とでは、伝達方法や伝達時の状況がまったく違うのだ。

　書いて伝えるときには、文字で記されたことばや情報だけが頼りであって、会話のように表情や動作も使って伝えることはできない。また、読み手はその場で情報を確認して、不明な点を書き手に問い合わせることができない。こうした点だけを考えても、日常会話のつもりで文章を書くことは危険であり、もっといえば、それは無理なのだ。

　作家、井上ひさし氏は『自家製文章読本』（新潮文庫、1987年）において、言文一致体の意義や功績をふまえたうえでなお、次のように宣言している。

　それでも、話すように書け、は噴飯物である。話し言葉は、筆者の見るところ「会

話体」「講話体」「ゆるやかな講話体」の 3 つに大別されると思うが、これらの話し言葉と、書き言葉とは、お粥と赤飯ほども違うのである。お粥が赤飯でないのと同様に、極言すれば言と文の一致はあり得ない。

このように述べたうえで井上氏は、むだな受け答えが多くなる、中心的な内容を担う語句が冒頭にくる、文脈が乱れるといった会話の特徴を挙げて、「言」と「文」の違いを示している。戯曲（言）と小説（文）、双方の世界で高く評価されてきた作家、つまり文章にも会話にも精通した書き手の弁であることを考えあわせると、いっそう説得力が感じられる。

「話すように書けばよい」という考え方そのものは、とくに文章を書くことを苦手とする学生にとっては大きな救いとなるだろう。ふだん、親しい友人に語りかけるように、まずはのびのびと書いてみてほしい。初めのうちはそれでもかまわない。だが、書いて伝える場合と、話して伝える場合とではコミュニケーションの態様が違うのだ。つぎの段階ではそこに目を向けて、自分の文章がそのままでよいのかどうか、みなおしてほしい。

試しにいちど、だれかの日常会話をそのまま文章に書きおこしてみるとよい。そこにあらわれた一文一文は必ずしも文法的に正確であるとはいえないはずだ。文法的正確さどころか、切れ切れの単語だけが並ぶこともあるだろう。たとえば、話し手自身にも、主語と述語、修飾語と被修飾語の照応関係がわからなくなることがあるし、言いなおしや言いさしも日常会話においては頻繁に起こる。日常会話においては話し手と聞き手がつねに内容や相手の反応をチェックしあえることもあって、一文として完結しているかどうか、文法的に正確かどうかといったことにはさほど気を配らなくてもよいのである。

ただし、その感覚で文章を書いたらどうなるか。まともな文章にならないのはいうまでもなく、正確に理解できないところがあったとしても、読み手は書き手にその場で問いただすこともできない。

出典：室岡一郎(2011).「書くのも人間、読むのも人間」玉井道・石川伸晃・石郷岡幸男・室岡一郎(編),『ことばを旅して』pp.237〜240. 桜美林学園出版部.

(1) どのような目標を立てましたか。目標が達成できたかどうか考えなさい。なぜそう思うか理由も書きなさい。

　目標：

　達成できたか：
　理由：

(2) 文章の内容が理解できたかどうか、あなたはどのような方法で自己評価しますか。あなたが選んだ方法で内容を確認し、内容が理解できたかどうか自己評価しなさい。

　方法：

　評価：

(3) 読んで理解できなかった部分があった場合、なぜできなかったか、どのようにすれば理解できるようになるか考えなさい。

内容理解チェック

1. 本文の内容と合っているものに〇、合っていないものに×を書きなさい。

(1) （　　）日本語は「言文一致」が基本だといっても、書くときと話すときと
まったく同じ表現を使うのは問題だ。

(2) （　　）文章と日常会話では、言いたいことを伝えるときの方法と状況が違う。

(3) （　　）井上ひさし氏は、話すように書くことは意義があると言っている。

(4) （　　）文章を書くことが苦手な学生は、書くときと話すときのコミュニケー
ションの違いに気をつけて、自分の文章をみなおすとよい。

(5) （　　）日常会話では、文法的に正解かどうか常に気をつけなければならない。

2. 下の表は文章と会話の違いを表にまとめたものです。a) ～ f) に本文のことば
を書きなさい。

文章	会話
a)＿＿＿＿＿＿＿＿＿＿＿や 情報だけが頼りである。	d)＿＿＿＿＿＿＿＿＿＿＿も 使って伝えることができる。
読み手はその場で b)＿＿＿＿＿＿を 確認して、c)＿＿＿＿＿＿＿を 書き手に問い合わせることができない。	話し手と聞き手がつねに e)＿＿＿＿＿ ＿＿＿や相手の f)＿＿＿＿＿＿＿を チェックしあえる。

| 9. 読んだ後、理解度を自己評価する | 089

3. 筆者は、「日常会話をそのまま文章に書きおこしてみると」(33 行目)、日常会話のどのような特徴がわかると述べていますか。a) 〜 f) に本文のことばを書きなさい。

・文法的に a)＿＿＿＿＿＿＿＿＿＿ではない。
　例）主語と述語、修飾語と被修飾語の b)＿＿＿＿＿＿＿＿＿＿がわからなくなることがある。
・一文として c)＿＿＿＿＿＿＿＿＿＿していない。
　例）切れ切れの d)＿＿＿＿＿＿＿＿＿＿が並ぶ。
　　　e)＿＿＿＿＿＿＿＿＿＿や f)＿＿＿＿＿＿＿＿＿＿も頻繁に起こる。

4. 筆者は、話すように書くことについて、何が問題だと述べていますか。2 つあげなさい。

振り返り

1. あなたはどのように理解度を自己評価しましたか。
2. 「読んだ後、理解度を自己評価する」というストラテジーを使って読んでみて、どのようなことに気づきましたか。（この課の練習で自分ができたこと／できなかったこと、このストラテジーを利用する利点、このストラテジーはどのような文章で使いやすいか、どのようなときに使えそうかなど）

10. ストラテジーの選び方・使い方を自己評価する

● さくら先生に質問

今までいろいろなストラテジーを勉強しましたが、うまく使えているのかどうか、よくわからないんです。

自分がどのようにストラテジーを選び、そのストラテジーをどのように使っているか意識してみましょう。そして、文章を読んだ後で、ストラテジーの選び方や使い方を自己評価してみましょう。そうすると適切なストラテジーの選び方や使い方ができるようになります。

● ストラテジーの選び方や使い方をどのように自己評価すればいいでしょうか。

文章を読んだ後で、自分がどのようなストラテジーを使っていたか、振り返ります。そして、どうしてそのストラテジーを使ったか、そのストラテジーを使って文章がよく理解できたかどうかを考えます。

ストラテジーを使って読んでみても文章の内容がよくわからなかった場合、そのストラテジーがどうして役に立たなかったのかを見直します。そして、これまでに習ったほかのストラテジーが使えないかどうか考えてみます。

読む目的によって、合うストラテジーと合わないストラテジーがあるようです。ストラテジーを使って読んでみても文章の内容がよくわからなかった場合は、ストラテジーの選び方を間違えたのかもしれないので、違うストラテジーを使ってみます。

● あなたはストラテジーの選び方や使い方をどのように自己評価していますか。

ストラテジーのまとめ

これまでこのテキストで、以下のストラテジーを学びました。どのようなストラテジーだったか説明しなさい。

1. 読む前に準備する

2. 知っているルールを利用する

3. 自分の知っていることや経験に引きつけて考える

4. 焦点をしぼる

5. ときどき止まってメモする

6. 図や表を利用する

7. 周りの情報からことばの意味を推測する

8. 質問して確認する

9. 読んだ後、理解度を自己評価する

ストラテジーを使って読もう

読んでみよう

1. どのストラテジーをどのように使っているかを意識しながら、次の文章を読みなさい。

「肌の色より人間性」

　一つの演説を引用することから始めよう。

　　私には夢がある。それは、いつの日か、この国が立ち上がり、＜われわれは、すべての人は平等に創られていることを、自明の真理と信ずる＞という信条を、真の意味で実現させることだ。……
　　私には夢がある。それは、いつの日か、不正と抑圧のために熱く蒸しかえるミシシッピ州でさえも、自由と正義のオアシスへと変わることだ。
　　私には夢がある。それは、いつの日か、私の4人の小さな子どもたちが、肌の色によってではなく、人格そのものによって評価される国に生きられるようになることだ。

　ご存知の読者も多いかもしれない。これは、アメリカ合衆国における黒人解放運動の指導者マーティン・L・キング牧師が、1963年8月に首都ワシントンで開かれた公民権運動の大集会で、20万人以上もの聴衆を前に熱く語った言葉である。公民権運動とは、社会的な人種隔離、選挙権の剥奪、経済的搾取と差別、人種憎悪にもとづく暴力など、ありとあらゆる「不正と抑圧」の犠牲となっていたアメリカ黒人たちが、奪われた権利の獲得と社会的な平等の実現を求めて、1950年代半ば頃から起こした社会抵抗運動である。
　引用の最後の部分に注目してほしい。キングは、自分の4人の子どもたちが、かれらの「肌の色」つまりは「黒人」という人種によって判断されるのではなく、個人の人間性によって評価されるような社会が実現することを、自らの夢として語っている。これがたんなる「夢」の描写ではなく、人種にもとづく偏見、差別、抑圧に満ちている現状を批判するキングのメッセージであることは、誰の目にも明らかであった。

この演説から40年経った現在、「肌の色ではなく、人間性によって人を評価する」というキングの言葉が、再び多くの人に引用されるようになった。しかし、そこには奇妙なねじれがあることに気づく。実は、キングを引用する発言者の多くが、人種平等の促進などを訴えるいわゆるリベラル派ではなく、逆に公民権運動がもたらした人種平等のための政策を真っ向から否定する保守派の人々なのである。

　もう少し具体的に説明しよう。公民権運動の成果の一つに、アファーマティブ・アクションがある。これは、あえて訳せば「積極的（= affirmative）差別是正措置」となり、たとえば、企業や公的機関における雇用や昇進、教育機関の入学者選抜などにおいて、人種・エスニックなマイノリティ集団や女性といった、過去を通じて常に差別されてきた人々を特別に考慮する政策を意味する。つまり、人種や性別にもとづく差別が、白人男性に圧倒的に有利な結果をもたらしてきた事実をふまえて、雇用、昇進、入学などにおいて、平等が結果として現れるように、被差別者に対して積極的な措置を取ろうというものである。

　ところが、このアファーマティブ・アクションにたいしては、導入直後から根強い反発がある。それは主として、アファーマティブ・アクションがマイノリティや女性を単純に優遇するものであって、白人男性に対する「逆差別」になっている、という意見である。このように考える人たちは、人種差別や性差別は過去のものだと考えており、個人の雇用や入学にあたって、人種や性といった属性を考慮する政策は不必要であるだけでなく、あらたな不平等を生み出すと主張する。そして、かれらはキングの言葉を引用するのである。「あの公民権運動の指導者だったキング牧師も、人間は肌の色ではなく人間性によって評価されるべきだと言っていたではないか」と。

　もう、お気づきであろう。人種偏見と差別が蔓延する社会において、キングや公民権運動の参加者が、肌の色（= 人種）で人間を判断するなと主張したこと。その一方で、人種差別や性差別を是正する目的で導入されたアファーマティブ・アクションが、差別の要因である人種や性といった属性を必然的に重視することについて、そうした措置に反対する人々が、キングの言葉を用いて、人種によって人間を判断するなと叫ぶこと。両者は、字面は同じであっても、全く異なる文脈に置かれているのである。無論、後者はそうした点に気づかずにキングを利用しているわけでは、決してない。キングは自著において、「何百年にもわたって黒人を特別に差別してきた社会は、いまやかれらに特別なことをしなくてはならない」と語っている（『我々の進む

道』,1967年)。キングは、アファーマティブ・アクションの必要性をも説いていたのである。

　いずれにしろ、近年のアメリカ合衆国では、人種の問題をあえて無視しようとする主張がまぎれもなくその影響力を拡大している。さらにいえば、これに対抗する側も、いまひとつ明確な反論を提示できないでいる。その理由として、アメリカ社会に浸透している普遍主義的な理念が挙げられよう。この理念は、アメリカ合衆国を、「人種、民族、性別、階級、宗教などを問わず、平等が保障されている社会」と見なす。したがって、その理念によれば、かれらの法の下での平等が保障されると同時に、法もその規定の中で特定の人種や宗教を考慮してはならない、ということになる。アファーマティブ・アクションを支持するリベラル派も、多かれ少なかれこの理念を信じているため、ある特定の人種や性を優遇する同政策は「平等」を前提とする法の理念に反するという主張に対して、反論を明示できないのだ。

出典:中條献(2004).『歴史のなかの人種─アメリカが作り出す差異と多様性』pp.8-10. 北樹出版.

2. どのようなストラテジーを使って読みましたか。使ったストラテジーすべてに、☑ を書きなさい。

　　　☐ 1. 読む前に準備する
　　　☐ 2. 知っているルールを利用する
　　　☐ 3. 自分の知っていることや経験に引きつけて考える
　　　☐ 4. 焦点をしぼる
　　　☐ 5. ときどき止まってメモする
　　　☐ 6. 図や表を利用する
　　　☐ 7. 周りの情報からことばの意味を推測する
　　　☐ 8. 質問して確認する
　　　☐ 9. 読んだ後、理解度を自己評価する

3. 使ったストラテジーについて、クラスメートと話しなさい。

(1) 自分が使ったストラテジーについて、どのように使ったか説明しなさい。

【例】「読む前に準備する」:「肌の色より人間性」という題を見て、「人種問題のことだろう。キング牧師のことが出てくるかな。」などと考えました。

(2) 自分が選んだストラテジーが適切だったか、選んだストラテジーを適切に使えたか考えなさい。

(3) クラスメートが使ったストラテジーで、「自分も使えばよかった」と思ったものがあれば、ストラテジーの名前を書き、その理由も説明しなさい。

内容理解チェック

1. 以下は、「字面は同じであっても、全く異なる文脈に置かれている」(50行目)について説明した図です。a) ～ c) に本文のことばを書きなさい。

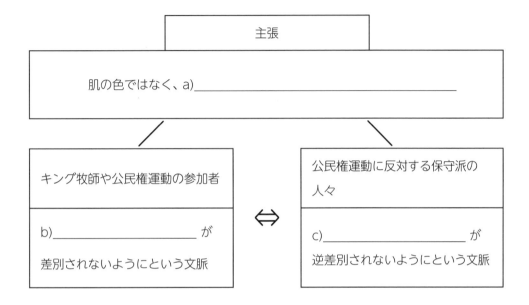

2. キング牧師の主張に「キ」、保守派の主張に「保」を書きなさい。

(1)（　）何百年にもわたって黒人を特別に差別してきた社会は、いまや彼らに特別なことをしなくてはならない。

(2)（　）人種差別や性差別は過去のものであり、人種や性などの属性を考慮する政策はあらたな不平等を生み出す。

3. アファーマティブ・アクションを支持する人々が、「人種の問題をあえて無視しようとする主張」(56〜57 行目)に反論を明示できないのはなぜですか。a)、b) に本文のことばを書きなさい。

　　　アメリカ社会に浸透している a)_____があり、アメリカ人

　　　全体が b)_____ということを信じているため。

振り返り

1. あなたはどのようにストラテジーの選び方や使い方を自己評価しましたか。
2. ストラテジーの選び方や使い方を自己評価してみて、どのようなことに気づきましたか。(この課の練習で自分ができたこと／できなかったこと、ストラテジーの選び方・使い方を自己評価する利点など)

語彙リスト

第1課 (p.3)

ストラテジーの練習Ⅰ (p.4)

功罪	こうざい

ストラテジーの練習Ⅱ (p.4)

文系	ぶんけい
入門	にゅうもん
序章	じょしょう
ばいじん	
硫黄硫化物	いおうりゅうかぶつ
窒素硫化物	ちっそりゅうかぶつ
上水道	じょうすいどう
排水	はいすい
下水道	げすいどう
浄化槽	じょうかそう
水質	すいしつ
汚濁	おだく
土壌	どじょう
有機	ゆうき
富栄養化	ふえいようか
鉱工業	こうこうぎょう
排水	はいすい
悪臭	あくしゅう
廃棄	はいき
リサイクル	
有害	ゆうがい
設定	せってい
規制	きせい
オゾン層	おぞんそう
紫外線	しがいせん
フロン	
オゾン	
保護	ほご
メカニズム	
緩和	かんわ

策	さく
適応	てきおう
越境	えっきょう
光化学	こうかがく
オキシダント	
河川	かせん
中国	ちゅうごく［国名］
スタディ	
アセスメント	
ライフサイクル	

ストラテジーの練習Ⅲ (p.5)

受動喫煙	じゅどうきつえん
発がん	はつがん
リスク	
がん	
研究班	けんきゅうはん
非喫煙者	ひきつえんしゃ
肺がん	はいがん
上昇する	じょうしょう
指針	ししん
～法	～ほう
各国	かっこく
保護	ほご
マスメディア	
キャンペーン	
促進	そくしん
要請	ようせい
G7	
総合	そうごう
順位	じゅんい
飲食店	いんしょくてん
屋内	おくない
全面	ぜんめん
規制	きせい
努力義務	どりょくぎむ

099

判定する	はんてい
自治体	じちたい
オーストラリア	［地名］
デザイン	
パッケージ	
講じる	こうじる

ストラテジーを使って読もう　(p.8)

口語表現	こうごひょうげん
テクニック	
イギリス	［地名］
お前	おまえ
バカ	
解す	かいす
侮辱	ぶじょく
たしかに	
気の利いた	きのきいた
（気が利く）	（きがきく）
洒落	しゃれ
聴衆	ちょうしゅう
アットホーム	
和む	なごむ
話し手	はなして
なめらか	
相乗効果	そうじょうこうか
日頃	ひごろ
ジョーク	
披露	ひろう
風土	ふうど
傾ける	かたむける
スキル	
修得する	しゅうとく
連発する	れんぱつ
叱咤激励する	しったげきれい
ホロリ	
心にくい	こころにくい
ウィット	
センス	
落語	らくご
漫才	まんざい
秀でる	ひいでる
話術	わじゅつ

ユーモラス	
領域	りょういき
とどめる	
仕事場	しごとば
持ち出す	もちだす
前述する	ぜんじゅつ
ありとあらゆる	
取り込む	とりこむ
タイミング	
ラポー	
連帯感	れんたいかん
築く	きずく
たくみ	

第2課 (p.15)

ストラテジーの練習Ⅰ　(p.16)

高齢者	こうれいしゃ
弱者	じゃくしゃ
衰える	おとろえる
退職する	たいしょく
自立する	じりつ
自治体	じちたい
いかす	
ボランティア	
放課後	ほうかご
支援	しえん

ストラテジーの練習Ⅱ　(p.17)

高齢化	こうれいか
超高齢社会	ちょうこうれい
	しゃかい
社会保障費	しゃかいほしょうひ
破たんする	はたん
携わる	たずさわる
人材	じんざい
比例する	ひれい
確保	かくほ
看護師	かんごし

顕著	けんちょ
介護	かいご
発生する	はっせい
年々	ねんねん
介護者	かいごしゃ

ストラテジーの練習Ⅲ　　　　(p.18)

開催	かいさい
ウェブサイト	
出店	しゅってん
ガイドブック	
不用品	ふようひん
環境保護	かんきょうほご
寄与する	きよ

ストラテジーを使って読もう　(p.19)

言い換える	いいかえる
長生き	ながいき
挙げる	あげる
世代	せだい
人手	ひとで
施設	しせつ
老後	ろうご
孤独死	こどくし
高齢	こうれい
社会保障	しゃかいほしょう
雇用	こよう
日々	ひび
生きがい	いきがい
学び	まなび
関わる	かかわる
乏しい	とぼしい
背景	はいけい
生きがい	いきがい
ライフスタイル	
取り組み	とりくみ
向上策	こうじょうさく
林業	りんぎょう
ビジネス	
既存	きそん

革新	かくしん
介護事業	かいごじぎょう
収益性	しゅうえきせい
資金	しきん
提供者	ていきょうしゃ
事業	じぎょう
体験	たいけん
技能	ぎのう
抑える	おさえる
増進	ぞうしん
伸び	のび
とりわけ	
食生活	しょくせいかつ
偏り	かたより
給食	きゅうしょく
ファーストフード	
業界	ぎょうかい
メーカー	
気軽	きがる
開発	かいはつ
サポート	
スタッフ	
養成	ようせい
福祉	ふくし
取り組む	とりくむ
連携する	れんけい
出し合う	だしあう

第3課 (p.25)

ストラテジーの練習Ⅰ　　　(p.26)

発する	はっする
変哲	へんてつ
発言	はつげん
親子	おやこ
疎通	そつう
ままならない	
姑	しゅうとめ
上司	じょうし
部下	ぶか
溝	みぞ
ましてや	

101

極めて	きわめて
尺度	しゃくど
無意識	むいしき
民族	みんぞく
次元	じげん
マクロ	
細分化する	さいぶんか
行き着く	いきつく
自立度	じりつど
ミクロ	

ストラテジーの練習Ⅱ　　　　(p.27)

自己評価	じこ
他者	たしゃ
源	みなもと
好ましい	このましい
類似	るいじ
結びつき	むすびつき
賞賛する	しょうさん
否認する	ひにん
叱責する	しっせき
振舞い	ふるまい
わきまえる	
内面化	ないめんか
くだす	
取り込む	とりこむ
思いとどまる	おもいとどまる
一貫性	いっかんせい
形成	けいせい

ストラテジーを使って読もう　　(p.28)

構築する	こうちく
円滑	えんかつ
把握する	はあく
治療	ちりょう
意欲	いよく
高まる	たかまる
不快	ふかい
～割	～わり
遮る	さえぎる

パターナリズム	
父権主義的態度	ふけんしゅぎてき たいど
顕著	けんちょ
参照	さんしょう
封建的	ほうけんてき
主君	しゅくん
ごとき	
権威者	けんいしゃ
臨む	のぞむ
忠実	ちゅうじつ
従順	じゅうじゅん
屈服する	くっぷく
臣下	しんか
従者	じゅうしゃ
みなす	
接する	せっする
認識する	にんしき
スキル	
技法	ぎほう
情緒的	じょうちょてき
情動的	じょうどうてき
志向	しこう
課題	かだい
励まし	はげまし
リラックス	
オープン	
誠実	せいじつ
築く	きずく
処方	しょほう
提供	ていきょう
助言	じょげん
数多い	かずおおい
共感性	きょうかんせい
親しみ	したしみ
配慮	はいりょ
脅威的	きょういてき
権威的	けんいてき
ネガティブ	
表出	ひょうしゅつ
作用	さよう
近年	きんねん
インフォームドコンセント	

同意	どうい
広まる	ひろまる
高まる	たかまる
蓄積する	ちくせき
向上	こうじょう

第4課 (p.33)

ストラテジーの練習Ⅰ (p.34)

ポイント	
専用	せんよう
購入	こうにゅう
次回	じかい
スタンプ	
バーコード	
カードリーダー	
小売業	こうりぎょう
貯める	ためる
顧客	こきゃく
メリット	
還元する	かんげん
固定	こてい
確保	かくほ
購買	こうばい
把握する	はあく
来店	らいてん
促進する	そくしん
付与する	ふよ
生かす	いかす
今や	いまや
囲い込み	かこいこみ
抽選	ちゅうせん
応募	おうぼ
あの手この手	あのてこのて

ストラテジーの練習Ⅱ (p.35)

未成年者	みせいねんしゃ
喫煙	きつえん
途上	とじょう
発育	はついく

引きおこす	ひきおこす
がん	
リスク	
急上昇する	きゅうじょうしょう
各国	かっこく
規制	きせい
強まる	つよまる
シーン	
ハリウッド	［地名］

ストラテジーを使って読もうⅠ (p.36)

恵み	めぐみ
享受	きょうじゅ
成り立つ	なりたつ
破壊	はかい
負荷	ふか
営む	いとなむ
ライフスタイル	
財団法人	ざいだんほうじん
協会	きょうかい
エコマーク	
イラスト	
両手	りょうて
アルファベット	
リサイクル	
マーク	
古紙	こし
再生	さいせい
グリーンマーク	
図案	ずあん
自治体	じちたい
苗木	なえぎ
配布する	はいふ
保護	ほご
意図	いと
ネットワーク	
あっせん	
新品	しんぴん
買い換える	かいかえる
ムダ（無駄）	むだ
工程	こうてい
運搬	うんぱん

103

家計	かけい

ストラテジーを使って読もうⅡ (p.39)

保育園	ほいくえん
受容	じゅよう
実践	じっせん
登校拒否	とうこうきょひ
対応	たいおう
深める	ふかめる
生き方	いきかた
受け入れる	うけいれる
客観的	きゃっかんてき
内面	ないめん
立ち入る	たちいる
葛藤する	かっとう
ある程度	あるていど
拭う	ぬぐう
こだわり	
こだわる	
密か	ひそか
苛立ち	いらだち
情けない	なさけない
自覚する	じかく
提起	ていき
外面的	がいめんてき
そのもの	
共感	きょうかん

第5課 (p.43)

ストラテジーの練習Ⅰ (p.44)

夏季	かき
省エネ	しょうえね
（省エネルギー）	（しょうえねるぎー）
取り組み	とりくみ
ゴーヤ	[植物名]
アサガオ	[植物名]
ヘチマ	[植物名]
つる性	つるせい
設置する	せっち

支柱	しちゅう
ネット	
さえぎる	
上昇	じょうしょう
抑える	おさえる
自体	じたい
一丸	いちがん
取り組む	とりくむ
景観	けいかん
向上	こうじょう
劣化する	れっか

ストラテジーを使って読もう (p.45)

密閉する	みっぺい
ミミズ	[動物名]
太陽光	たいようこう
光合成	こうごうせい
二酸化炭素	にさんかたんそ
枯れ葉	かれは
栄養分	えいようぶん
糞	ふん
露	つゆ
閉ざす	とざす
系	けい
絶妙	ぜつみょう
保つ	たもつ
持続	じぞく
生態系	せいたいけい
分解	ぶんかい
不要物	ふようぶつ
排出	はいしゅつ
～つくす	
源	みなもと
惑星	わくせい
湖沼	こしょう
河川	かせん
地上	ちじょう
降り注ぐ	ふりそそぐ
再生	さいせい
貧困	ひんこん

飲料	いんりょう
伝染病	でんせんびょう
施設	しせつ
データ	
下痢	げり
サハラ砂漠	さはらさばく[地名]
以南	いなん
費やす	ついやす
合意	ごうい
国連	こくれん
（国際連合）	（こくさいれんごう）
ミレニアム	
開発	かいはつ
確保	かくほ
及び	および
半減	はんげん
増産	ぞうさん
変動	へんどう
悪化する	あっか
予想する	よそう
～当たり	あたり
減少する	げんしょう

事業	じぎょう
排出する	はいしゅつ
事業系廃棄物	じぎょうけいはいきぶつ

ストラテジーの練習Ⅲ	(p.52)

境目	さかいめ
有償	ゆうしょう
売却する	ばいきゃく
取引する	とりひき
有価物	ゆうかぶつ
みなす	
引き取る	ひきとる
もはや	
見た目	みため
どれほど	

ストラテジーの練習Ⅳ	(p.53)

東インド会社	ひがしいんどがいしゃ[社名]
独占権	どくせんけん
西欧	せいおう
各国	かっこく
特許	とっきょ
オランダ	[地名]
スペイン	[地名]
ポルトガル	[地名]
進出	しんしゅつ
設立する	せつりつ
株式会社	かぶしきがいしゃ
形態	けいたい
フランス	[地名]
植民地	しょくみんち
反乱	はんらん
衰退する	すいたい
勢力	せいりょく

第6課 (p.49)

ストラテジーの練習Ⅰ	(p.50)

模式図	もしきず
輻射する	ふくしゃ
反射	はんしゃ
赤外線	せきがいせん
空間	くうかん
放出する	ほうしゅつ
大気圏	たいきけん
地表面	ちひょうめん
やりとり	
地表	ちひょう

ストラテジーの練習Ⅱ	(p.51)

廃棄物	はいきぶつ
放射性	ほうしゃせい

ストラテジーを使って読もうⅠ	(p.54)

成り立つ	なりたつ
不要物	ふようぶつ
発生する	はっせい

105

原材料	げんざいりょう
購入する	こうにゅう
不可欠	ふかけつ
排ガス	はいがす
（排気ガス）	（はいきがす）
そのもの	
枯渇する	こかつ
劣化する	れっか
浄化	じょうか
蓄積する	ちくせき
側面	そくめん
環境負荷	かんきょうふか
採掘	さいくつ
有する	ゆうする
水源	すいげん
二酸化炭素	にさんかたんそ
化石燃料	かせきねんりょう
確保する	かくほ
不可分	ふかぶん

ストラテジーを使って読もうⅡ (p.57)

ビジネス	
主流	しゅりゅう
現地	げんち
投資	とうし
出現	しゅつげん
米国	べいこく［地名］
後半	こうはん
本格化	ほんかくか
戦後	せんご
絶大	ぜつだい
確立する	かくりつ
背景	はいけい
活発化	かっぱつか
鉱業	こうぎょう
開発	かいはつ
近隣	きんりん
カナダ	［地名］
中南米	ちゅうなんべい ［地名］
欧州	おうしゅう［地名］
多国籍化	たこくせきか

ネットワーク	
IBM	［社名］
コカ・コーラ	［社名］
ダウケミカル	［社名］
P&G	［社名］
GM	［社名］
GE	［社名］
席巻する	せっけん
相対的	そうたいてき
頭打ち	あたまうち
減少する	げんしょう
撤退する	てったい
退潮	たいちょう
EC（European Community）	
経済統合	けいざいとうごう
対応	たいおう
対抗する	たいこう
ICI	［社名］
フィアット	［社名］
フォルクスワーゲン	［社名］
シーメンス	［社名］
ネッスル	［社名］
ネスレ	［社名］
ユニリーバ	［社名］
顕著	けんちょ
国内外	こくないがい
急増する	きゅうぞう
諸国	しょこく
激化	げきか
進行	しんこう
戦略	せんりゃく
シフト	
北米	ほくべい［地名］
相次ぐ	あいつぐ
味の素	あじのもと［社名］
東レ	とうれ［社名］
松下電器	まつしたでんき［社名］
東芝	とうしば［社名］
日立	ひたち［社名］
ソニー	［社名］
ホンダ	［社名］
日産	にっさん［社名］
躍り出る	おどりでる

韓国	かんこく [地名]
台湾	たいわん [地名]
香港	ほんこん [地名]
新興	しんこう
歩む	あゆむ
近接する	きんせつ
自国	じこく
驚異的	きょういてき
プッシュする	
今世紀	こんせいき
目覚ましい	めざましい
グローバル	
顧客	こきゃく

第7課 (p.61)

ストラテジーの練習Ⅰ (p.62)

近年	きんねん
認識	にんしき
高まる	たかまる
言い返す	いいかえす
上司	じょうし
部下	ぶか
叱責する	しっせき
適正	てきせい
押し付ける	おしつける
思い浮かべる	おもいうかべる
業務	ぎょうむ
プライベート	
社員	しゃいん
執拗	しつよう
病む	やむ
休職する	きゅうしょく
退職する	たいしょく

ストラテジーの練習Ⅱ (p.62)

若者	わかもの
減少	げんしょう
歯止め	はどめ
衰退	すいたい
税収	ぜいしゅう

自治体	じちたい
取り組み	とりくみ
呼び戻す	よびもどす

ストラテジーを使って読もう (p.63)

解明する	かいめい
疾病	しっぺい
密接	みっせつ
対処する	たいしょ
見いだす	みいだす
周知	しゅうち
形成	けいせい
発生	はっせい
未然	みぜん
健診	けんしん
（健康診断）	（けんこうしんだん）
治療する	ちりょう
再発	さいはつ
対応	たいおう
早期	そうき
悪化	あっか
最適	さいてき
介入	かいにゅう
進行	しんこう
リハビリテーション	
職能訓練	しょくのうくんれん
社会復帰	しゃかいふっき
促進する	そくしん
軽減する	けいげん
観点	かんてん
不適切	ふてきせつ
拒否する	きょひ
軽快する	けいかい
因果関係	いんがんかんけい
エビデンス	
証拠	しょうこ
根拠	こんきょ
確立する	かくりつ
同定	どうてい
真に	しんに
健康	けんこう

107

検証	けんしょう
見過ごす	みすごす
見せかけ	みせかけ
偽	にせ
きわめて	
言うまでもない	いうまでもない
政策	せいさく
際	さい
不可欠	ふかけつ
流布する	るふ
サプリメント	
実証的	じっしょうてき
不十分	ふじゅうぶん
誤る	あやまる
負う	おう
肺がん	はいがん
喫煙	きつえん
何らかの	なんらかの
アルツハイマー型	あるつはいまーがた
認知症	にんちしょう
遺伝	いでん
増進	ぞうしん
役立てる	やくだてる

第8課 (p.69)

ストラテジーの練習 (p.70)

気を配る	きをくばる
病原	びょうげん
取り除く	とりのぞく
免疫力	めんえきりょく
治療	ちりょう
こじらせる	
肺炎	はいえん
細菌	さいきん
ストレス	
病原菌	びょうげんきん

ストラテジーを使って読もう (p.71)

営む	いとなむ

主人公	しゅじんこう
食用	しょくよう
飼育する	しいく
野生	やせい
棲息する	せいそく
配置する	はいち
それなり	
発信する	はっしん
規模	きぼ
形而上学	けいじじょうがく
切り離す	きりはなす
思考	しこう
有する	ゆうする
明瞭	めいりょう
分割	ぶんかつ
土台	どだい
築き上げる	きずきあげる
他方	たほう
内側	うちがわ
突き崩す	つきくずす
適者生存	てきしゃせいぞん
経る	へる
営み	いとなみ
果て	はて
生みだす	うみだす
学説	がくせつ
提唱する	ていしょう
霊長類	れいちょうるい
平面	へいめん
著しい	いちじるしい
進展	しんてん
切り分ける	きりわける
捉える	とらえる
染みつく	しみつく
近現代	きんげんだい
主流	しゅりゅう
対抗的	たいこうてき
そもそも	
無意識	むいしき
まずは	
ありふれる	
並列	へいれつ
言辞	げんじ

108

割りあてる	わりあてる
所有	しょゆう
従属する	じゅうぞく
言い回し	いいまわし
人格	じんかく
読み取る	よみとる
区分け	くわけ
次に	つぎに
手がかり	てがかり
日頃	ひごろ
民話	みんわ
喋る	しゃべる
カテゴリー	
戸惑う	とまどう
北米	ほくべい [地域名]
先住民	せんじゅうみん
ささげる	
贈与	ぞうよ
設ける	もうける
領域	りょういき
侵犯する	しんぱん
越境する	えっきょう
語彙	ごい
多様	たよう
相	そう
行為	こうい
主体性	しゅたいせい
混淆する	こんこう
分離	ぶんり
不能	ふのう
仮構する	かこう
様態	ようたい
両者	りょうしゃ
定める	さだめる
課題	かだい
潜む	ひそむ
愛玩	あいがん
断ち切る	たちきる
食肉	しょくにく
屠畜する	とちく
統制する	とうせい
底流	ていりゅう
とりわけ	

霊	れい
実践	じっせん
発する	はっする
物的	ぶってき
異	い
唱える	となえる
試み	こころみ
ぐらぐら	
元来	がんらい

第9課 (p.79)

ストラテジーの練習Ⅰ (p.80)

従来	じゅうらい
水力	すいりょく
風力	ふうりょく
太陽光	たいようこう
太陽熱	たいようねつ
地熱	ちねつ
バイオマス	
再生	さいせい
かつ	
二酸化炭素	にさんかたんそ
排出する	はいしゅつ
クリーン・エネルギー	
開発	かいはつ
燃料	ねんりょう
相殺する	そうさい
メリット	
大出力	だいしゅつりょく
課題	かだい
日進月歩	にっしんげっぽ
太陽光発電パネル	たいようこう はつでんぱねる
試算	しさん
賄う	まかなう
東京都	とうきょうと [地名]
神奈川県	かながわけん [地名]
千葉県	ちばけん [地名]
蓄電	ちくでん
急ピッチ	きゅうぴっち
大量	たいりょう

原子力	げんしりょく
落ち込み	おちこみ
懸念する	けねん
東日本大震災	ひがしにほんだいしんさい
福島原発	ふくしまげんぱつ
（福島第一原子力	（ふくしまだいいち
発電所）	げんしりょくはつでんしょ）
原子炉	げんしろ
再稼働する	さいかどう
背景	はいけい
再生可能エネルギー	さいせいかのうえねるぎー
図る	はかる
認識する	にんしき
節電	せつでん

ストラテジーの練習Ⅱ　　　　(p.82)

花粉症	かふんしょう
スギ	［植物名］
ヒノキ	［植物名］
花粉	かふん
鼻水	はなみず
鼻づまり	はなづまり
起き上がる	おきあがる
年々	ねんねん
データ	
植林	しょくりん
飛散する	ひさん
排出ガス	はいしゅつがす
ハウスダスト	
悪化する	あっか
抑える	おさえる
多数	たすう
控える	ひかえる
体内	たいない
玄関先	げんかんさき
はたく	
点鼻薬	てんびやく
目薬	めぐすり
どうしても	

緩和	かんわ
飲み薬	のみぐすり
処方	しょほう
耳鼻科	じびか
粘膜	ねんまく
数多く	かずおおく
完治する	かんち
治療法	ちりょうほう
確立する	かくりつ

ストラテジーの練習Ⅲ　　　　(p.84)

グローバル	
論述力	ろんじゅつりょく
本書	ほんしょ
活発	かっぱつ
行き来する	いきき
領土	りょうど
浮上する	ふじょう
独自	どくじ
風習	ふうしゅう
各国	かっこく
筋道	すじみち
比	ひ
概念	がいねん
食料自給率	しょくりょうじきゅうりつ
一昔	ひとむかし
比べものにならない	くらべものにならない
優先	ゆうせん
もはや	
他者	たしゃ
優先順位	ゆうせんじゅんい
緊急性	きんきゅうせい
座標平面	ざひょうへいめん
軸	じく
プロセス	
常日頃	つねひごろ
自問する	じもん
導く	みちびく
推論	すいろん
および	

論理的	ろんりてき
はぐくむ	

ストラテジーを使って読もう (p.86)

言文一致	げんぶんいっち
排除する	はいじょ
もちこむ	
あまりにも	
テキトー（適当）	てきとう
アバウト	
個々	ここ
糾弾する	きゅうだん
伝達	でんたつ
記す	しるす
頼り	たより
読み手	よみて
不明	ふめい
書き手	かきて
問い合わせる	といあわせる
自家製文章読本	じかせいぶんしょうどくほん［書名］
新潮文庫	しんちょうぶんこ［文庫レーベル名］
ふまえる	
宣言する	せんげん
噴飯物	ふんぱんもの
話し言葉	はなしことば
講和体	こうわたい
ゆるやか	
大別する	たいべつ
書き言葉	かきことば
お粥	おかゆ
赤飯	せきはん
極限する	きょくげん
言	げん
受け答え	うけこたえ
担う	になう
語句	ごく
冒頭	ぼうとう
乱れる	みだれる
挙げる	あげる
戯曲	ぎきょく

双方	そうほう
精通する	せいつう
弁	べん
説得力	せっとくりょく
考え方	かんがえかた
そのもの	
救い	すくい
語りかける	かたりかける
のびのび	
態様	たいよう
切れ切れ	きれぎれ
話し手	はなして
修飾語	しゅうしょくご
被修飾語	ひしゅうしょくご
照応	しょうおう
言いさし	いいさし
頻繁	ひんぱん
聞き手	ききて
反応	はんのう
完結する	かんけつ
さほど	
まとも	
書き手	かきて
問いただす	といただす

第10課 (p.91)

ストラテジーを使って読もう (p.93)

創る	つくる
自明	じめい
真理	しんり
信条	しんじょう
抑圧	よくあつ
ミシシッピ州	みししっぴしゅう［地名］
正義	せいぎ
オアシス	
人格	じんかく
読者	どくしゃ
アメリカ合衆国	あめりかがっしゅうこく［地名］

黒人解放運動	こくじんかいほう　うんどう	導入	どうにゅう
マーティン・L・キング牧師	まーてぃん・える・きんぐぼくし[人名]	根強い	ねづよい
		反発	はんぱつ
ワシントン	[地名]	主として	しゅとして
公民権運動	こうみんけん　うんどう	優遇する	ゆうぐう
		属性	ぞくせい
聴衆	ちょうしゅう	不必要	ふひつよう
人種隔離	じんしゅかくり	不平等	ふびょうどう
剥奪	はくだつ	生み出す	うみだす
搾取	さくしゅ	蔓延する	まんえん
憎悪	ぞうお	是正する	ぜせい
暴力	ぼうりょく	必然的	ひつぜんてき
ありとあらゆる		両者	りょうしゃ
犠牲	ぎせい	字面	じづら
獲得	かくとく	無論	むろん
描写	びょうしゃ	自著	じちょ
偏見	へんけん	いまや	
ねじれ		説く	とく
気づく	きづく	近年	きんねん
発言	はつげん	まぎれもない	
促進	そくしん	対抗する	たいこう
リベラル派	りべらるは	いまひとつ	
もたらす		反論	はんろん
真っ向	まっこう	提示する	ていじ
保守派	ほしゅは	浸透する	しんとう
成果	せいか	普遍主義	ふへんしゅぎ
アファーマティブ・アクション		理念	りねん
あえて		挙げる	あげる
積極的差別是正措置	せっきょくてき　さべつぜせいそち	民族	みんぞく
		階級	かいきゅう
公的機関	こうてききかん	保障する	ほしょう
雇用	こよう	見なす	みなす
昇進	しょうしん	規定	きてい
選抜	せんばつ	支持する	しじ
エスニックマイノリティ		前提	ぜんてい
白人	はくじん	明示する	めいじ
圧倒的	あっとうてき		
ふまえる			
被差別者	ひさべつしゃ		
措置	そち		

おわりに

　本書は、桜美林大学における学部留学生対象の日本語の読解授業の実践から生まれたものです。筆者らは、学生が本格的な専門書が読めるようになるために、どのようなスキルが必要なのかを検討してきました。そして、メタ認知が活用できる力をつけることが重要だという結論に至りました。本書を利用するみなさんには、読解の学習に取り組む中で、メタ認知が活用できる力がついていく過程を楽しんでいただけると幸いです。

　本書は、桜美林大学の授業で使用される専門書などから文章を選んでいます。本書へのご著書の掲載を快くお引き受けくださった藤倉まなみ先生、穐田照子先生、福田潤先生、馬越恵美子先生、茂木俊彦先生、森和代先生、小礒明先生、桑名義晴先生、長田久雄先生、奥野克巳先生、鷹木恵子先生、芳沢光雄先生、室岡一郎先生、中條献先生（本書掲載順）に感謝いたします。

　本書を作成するにあたり、桜美林大学日本語プログラムの多くの方々にご協力をいただきました。阿曽村陽子先生と松本順子先生には、構想と企画にご協力をいただきました。阿曽村陽子先生、甲斐晶子先生には、福島、藤田、三宅、伊古田とともに、本書を使用して授業を行っていただきました。これらの授業で先生方や学生のみなさんから数多くのアドバイスやコメントをいただいたおかげで、本書は完成に至ることができました。桜美林大学日本語プログラムコーディネーターの齋藤伸子先生、池田智子先生には、実践の遂行から執筆に至るまで何度も相談に乗っていただきました。桜美林大学日本語プログラムの先生方や学生のみなさんに、この場をお借りしてお礼を申し上げます。

　本書は、著者ら全員で構想と企画を立て、執筆いたしました。福島、白頭、藤田、三宅が編集や校正の協議を重ね、出版に至りました。企画から出版に至るまでご協力くださった皆さんに深く感謝いたします。

2019年3月

グループさくら

福島智子、白頭宏美、藤田裕子、三宅若菜

伊古田絵里、梅岡巳香、鈴木理子

グループさくら

福島智子・白頭宏美・藤田裕子・三宅若菜・伊古田絵里・梅岡巳香・鈴木理子

メタ認知を活用した
アカデミック・リーディングのための
10 のストラテジー

2019 年 4 月 20 日　初版第 1 刷発行
2023 年 4 月 20 日　初版第 2 刷発行

編　　著	グループさくら	
	福島智子・白頭宏美・藤田裕子・三宅若菜・伊古田絵里・梅岡巳香・鈴木理子	
発　　行	株式会社 凡人社	
	〒 102-0093　東京都千代田区平河町 1-3-13	
	電話 03-3263-3959	
カバーデザイン	コミュニケーションアーツ株式会社	
印 刷・製 本	倉敷印刷株式会社	

定価はカバーに表示してあります。乱丁本・落丁本はお取り換えいたします。
＊本書の一部あるいは全部について、著作者から文書による承諾を得ずに、いかなる方法においても無断で、
　転載・複写・複製することは法律で固く禁じられています。

ISBN 978-4-89358-958-3
©Group Sakura (Tomoko Fukushima, Hiromi Hakuto, Yuko Fujita, Wakana Miyake, Eri Ikota, Mika Umeoka, and
Riko Suzuki), 2019　Printed in Japan